AF467610

MADAME DE SOLMS

ÉPISODE

DU BAS EMPIRE

BIBLIOTHÈQUE NATIONALE
Don
SCHŒLCHER
IMPRIMÉS

Ln 27
34313

MADAME DE SOLMS

ÉPISODE

DU BAS EMPIRE

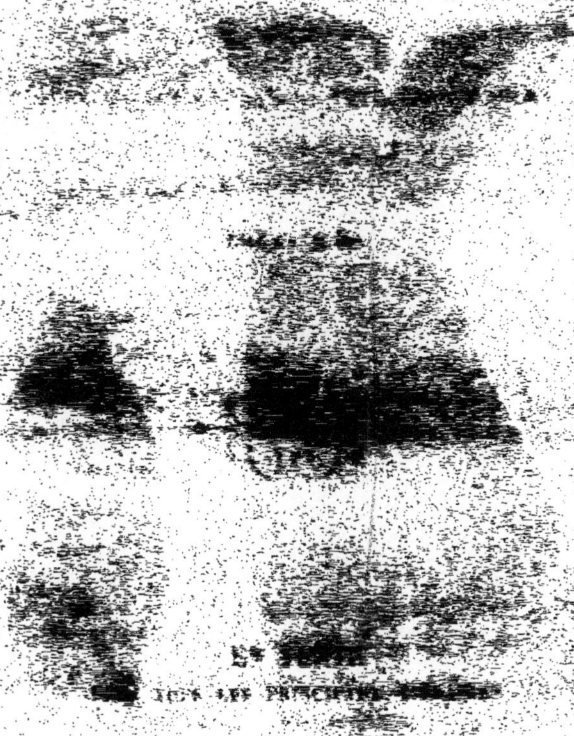

MADAME DE SOLMS

EPISODE

DU BAS EMPIRE

(ORNÉ DU PORTRAIT DE LA PRINCESSE DE SOLMS)

Prix : 2 fr.

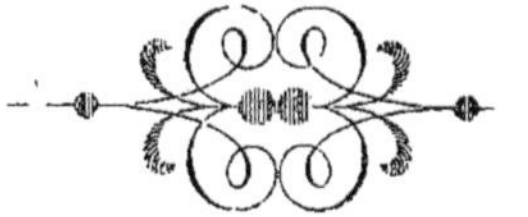

EN VENTE

CHEZ TOUS LES PRINCIPAUX LIBRAIRES

1855

A LA PROSCRIPTION FRANÇAISE

L'ordre règne à Paris, la peur mène la France.
L'Empire de la peur veut partout le silence.
Ph. CORSAT

C'est à vous, mes bons amis, que je veux dédier ce tout petit opuscule.

Si pour vous donner une preuve de ma franche et vive sympathie, j'ai tenu à retracer un des nombreux méfaits, je dis *méfait* pour cause, dont n'a pas craint de se souiller le fils de la belle et passionnée Hortense, c'est que je voulais saisir une circonstance semblable à la votre pour vous prouver combien le lourd fardeau de vos peines est sensible à mon cœur.

Comme vous, mes bons amis, je partage l'honneur de la proscription, deux fois expulsé par les seïdes de M. Bonaparte, de cette France jadis si glorieuse et si puissante, de cette terre classique des élans nobles et généreux, de cette belle patrie que je m'habituai déjà à considérer comme la mienne, j'ai dû réclamer à la Savoie, mon pays natal, ce pays, où vous le savez tous, bat aussi plus d'un cœur généreux, j'ai dû dis-je réclamer asile et protection.

Fier de mon pays, où toutes les aspirations sont Françaises, j'ai cru bien faire en lui consacrant tous mes instants pour faire connaître, ses richesses ignorées, ses merveilles naturelles et la fécondité de son sol, à l'aide de quelques publications littéraires ; c'est pendant le cours de ces travaux que j'ai eu l'avantage de faire la connaissance et de m'attirer, j'ose l'espérer, l'estime de madame la Princesse Marie de Solms.

Sa grande renommée, son esprit, ses talents, sa jeunesse, sa grâce et sa beauté me charmèrent tout d'abord ; son opposition et son mépris pour celui qui l'appelait *ma chère et belle cousine,* lui valurent toutes mes sympathies; la dignité et la noblesse avec lesquelles elle sut supporter ses malheurs lui conquirent tout mon dévoûment.

En publiant aujourd'hui l'historique de l'expulsion de madame de Solms, je n'ai point la prétention de me poser comme le défenseur de l'illustre proscrite, une victime de M. Bonaparte n'en a pas besoin !.... ce que j'ai l'intention de faire, c'est de révéler au public une des pages qui ajoutent encore, à la honte de la France, c'est de lui faire connaître ce dont est capable celui qui, au mépris de toutes les lois et de tous les serments, a eu l'audace de s'imposer un jour comme le sauveur de la société, et qui abusant de ce pouvoir octroyé par quelques hommes sans foi et sans honneur, soutenu par des baïonettes, des valets de police et des gendarmes, s'est arrogé le droit sacrilége de tuer, piller, emprisonner, déporter, surveiller, pourchasser des hommes, des femmes, des vieillards et des enfants qui, dans le plein exercice de leur droit et de leur devoir, s'opposaient à l'avènement de ce moderne Néron.

De toutes les épisodes sanglantes et terribles qui ont cimenté ce nouveau règne celle que je vais retracer n'est certainement pas la plus cruelle, les *Victor Hugo*, les *Eugène Süe*, les *Jacques Mathieu*, les *Schœlcher*, les *Hippolyte Magen*, les *Xavier Durieu*, les *Pascal Duprat* et tant d'autres ont déjà révélé et clairement établi quelle était la valeur de l'homme qui voulait, disait-il, *laisser la France vivre de sa propre vie*. Ce que je me propose de faire en écrivant ces pages, est donc de prouver que le prétendu neveu n'est autre chose que le pâle plagiaire de son oncle; il lui a emprunté son petit chapeau, sa redingote grise, ses aigles du 18 brumaire, s'il n'a pas eu ses pyramides il a eu son Satory, il lui manquait Madame de Staël, il a choisi sa belle et spirituelle cousine. Par les liens d'intimité et de parenté qui l'unissait à madame de Solms il me sera peut-être facile de faire connaître par l'acte odieux et barbare dont elle a été la noble victime, quel fonds l'on peut faire sur les sentiments privés de celui que les décembraillards proclament comme étant le soutien et le défenseur de l'ordre, de la famille et de la propriété.

Je vais donc essayer de retracer en quelques lignes les faits spéciaux à mon sujet, et présenter tout l'odieux de cet acte inqualifiable, je m'abstiendrai de tous commentaires, devenus inutiles par le simple récit des évènements. En ces temps d'aberration les faits sont assez éloquents pour parler d'eux-mêmes et il n'est certes besoin de ne rien ajouter pour flétrir comme doit l'être la phase la plus........ de la France. J'aime à croire que pour convaincre les plus incrédules il me suffira d'exposer avec sincérité et clarté la relation des faits et que personne ne s'étonnera plus désormais, si les plus chers enfants et les plus ardents soutiens de cette France autrefois si belle, rougissent presque aujourd'hui de lui appartenir.

Déjà la génération actuelle ne veut plus croire aux cruautés tyranniques dont les anciens seigneurs féodaux accablaient nos pères, que diront nos arrière-neveux lorsque l'histoire leur apprendra qu'en l'an de grâce 1852 un homme d'un talent très médiocre, débauché, amant de femmes à mœurs fort équivoques, ayant été tour-à-tour policemen, citoyen étranger, histrion, chef d'échauffourées, et comme tel, jugé, condamné et emprisonné puis évadé; que dira-t-elle lorsqu'elle saura que ce même homme jouant un rôle hypocrite, abusant de la loyauté d'une nation sage et confiante, feignant des sentiments qu'il n'eût jamais, obtint sous l'égide d'un nom, des fonctions grandes et honorables, et que, trahissant le plus sacré des devoirs, au milieu d'une nuit d'orgie s'est proclamé le souverain maître du plus grand peuple du monde.

Pour l'honneur de tous ceux qui ne sont pas dans notre situation espérons que par un éclatant réveil la génération future, pourra croire à un sommeil dont toute la durée fût une pénible et bien douloureuse léthargie.!!!!.....

Salut et fraternité

* * *

DEUX MOTS D'HISTOIRE

Que m'importe, tes faits compteront dans l'histoire?
Grande par la pensée, et grande par la gloire.
Ton souvenir restera pur.

DURET.

Avant d'entrer dans les détails de l'évènement qui fait l'objet de notre livre, il est, nous le pensons, assez urgent de jeter un coup d'œil sur les personnages qui composent la famille de laquelle est issue madame Marie de Solms.

Dans le dix-huitième siècle vivait dans l'île de Corse une famille noble et sans fortune dont le nom était Buonaparte, de cette famille naquirent huit enfants qui sont : Joseph, Napoléon, Elisa, Lucien, Louis, Pauline, Jérôme et Caroline.

Joseph épousa Marie-Julie Clary et n'eut qu'une femme.

Napoléon eut deux femmes : Joséphine de Beauharnais et Marie-Louise Archiduchesse d'Autriche.

Elisa devint madame Bacciochi.

Lucien eût deux femmes, Christine Boyer et madame Jouberton.

Louis épousa Hortense de Beauharnais.

Pauline eût deux maris, le général Leclerc et le prince Camille Borghèse.

Jérôme eût deux femmes, mademoiselle de Paterson et Catherine de Wurtemberg.

Caroline épousa Murat.

Le deuxième de cette famille soit Napoléon, sollicita par l'entremise du comte Marbeuf, gourverneur de l'île de Corse, son admission au collége de Brienne où il fit une partie de son éducation ; déjà dans ses jeux enfantins, nous dit l'histoire, il laissa entrevoir l'instinct du commandement et l'amour du despotisme ; de Brienne Napoléon passa à l'école de Paris, d'où il sortit bientôt pour entrer comme officier d'artillerie dans le régiment de Lafère.

En ces mêmes temps survint la grande révolution qui devait changer la marche des évènements, régénérer le monde et assurer à tous, *sans exception,* le bien-être, la paix et l'égalité. Napoléon se montra l'un des plus chauds partisans de cette ère nouvelle et plus d'une fois manifesta dans les clubs qu'il fréquentait, le désir de voir triompher la cause du peuple, la seule cause vraiment nationale, comme il le disait alors ; il prit part aux journées du 20 juin, du 10 août, du 13 vendémiaire, encourageant toujours par ses paroles et par ses actions le triomphe du parti républicain; il passa ensuite capitaine et chef de bataillon. Comme récompense du service qu'il venait de rendre au siége de Toulon, la république toujours magnanime dans sa reconnaissance, l'éleva au grade de général de brigade.

Dès ce moment, (c'est toujours l'histoire qui parle), la famille croissait en honneur, non pas selon son mérite à elle, mais bien au reflet des conquêtes du général, à l'exception de *Lucien* qui, de son propre mouvement fût certainement devenu un littérateur distingué, pas un seul ne se fût élevé au-dessus de la médiocrité. Ses sœurs se faisaient remarquer par la licence de leurs mœurs et par leurs sentiments de basse jalousie; elles s'enviaient entr'elles et se plaignaient toujours de ne pas être reines comme Caroline. Ses frères, toujours sauf *Lucien*, se livraient à des débauches vraiment royales qui scandalisaient les peuples auxquels ils furent infligés.

De toute cette famille qui se proclamait hautement républicaine et dont les membres se disputèrent plus tard les débris des trônes, le seul qui fût hostile à l'ambition envahissante de Napoléon est encore Lucien; n'oublions cependant pas que malgré son républicanisme, ce fut lui qui au 18 brumaire, en sa qualité de président du conseil des cinq-cents, tendit les mains à son frère et fit décider du sort de de cette fatale journée et de l'avenir de sa famille.

L'histoire de Lucien étant celle dont nous avons le plus à nous occuper relativement à Mme de Solms, nous allons si vous le voulez, la reprendre avec plus de détails.

Né en 1775, il se réfugia, avec sa famille proscrite, en Provence, nommé garde-magasin à S. Maximin il logea chez

M. Boyer dont il épousa plus tard sa fille *Christine*, douce et vertueuse personne, qu'il rendit heureuse tant qu'elle vécut; il était inspecteur des charrois quand on l'emprisonna à Aix comme *terroriste* en 1794, s'élevant graduellement à la suite de Napoléon, il devint commissaire des guerres et représentant au conseil des cinq cents; il présidait cette assemblée réunie à St-Cloud, quand Napoléon, justement accusé d'aspirer au pouvoir, s'y présenta; tous les membres voulaient proscrire le trop ambitieux général, qui déjà chancelait et allait se retirer lorsque Lucien s'y opposa, et imbu des sentiments de famille fit soutenir la cause de son frère par un bataillon de grenadiers qui, par la force, dispersa la représentation nationale. Après cette journée, si fatale à la cause du peuple, Lucien fut nommé ministre de l'intérieur et plus tard ambassadeur en Espagne. De cette époque data le plan de Napoléon de s'emparer de la péninsule. Nommé tribun en 1802, sénateur peu de temps après, Lucien s'opposa constamment aux volontés de son frère.

Christine étant morte il épousa Mme Jouberton, contre les désirs arbitraires de sa famille, proscrit de France, il se retira à Rome d'où il ne cessa de protester contre l'ambition de ses frères; il refusa les offres les plus brillantes que lui fit faire, dans la suite l'empereur et, voulant se soustraire à ses persécutions, il s'embarqua le 5 août 1810, pour les États-Unis; mais étant tombé entre les mains d'un vaisseau Anglais, qui le conduisit en Angleterre, il acheta la terre de Longvood, près de Worcester; le gouvernement Britannique attacha un colonel à sa personne.

Fatigué de cette surveillance, Lucien retourna à Rome

en 1814, où le pape lui conféra le titre de prince de Canino. Déplorant les funestes malheurs dont la France allait être victime par suite de l'ambition de Napoléon, il revint à Paris en 1815, pendant les cent jours. Oubliant les persécutions dont l'avait accablé son frère, il siégea à la chambre des pairs, où il le défendit avec une noble fermeté et un courage dignes d'une meilleure cause.

Forcé de fuir devant les armées étrangères il retourna à Rome où il a vécu depuis s'adonnant spécialement à la culture des lettres pour lesquelles il avait un penchant tout particulier.

Il est mort à Viterbe, le 29 juin 1840.

Le prince de Canino a eu de Christine sa première femme.

Charlotte, mariée à don Mario, prince Gabrielli.

Christine, mariée d'abord au comte Passi, Suédois, puis divorcée et remariée avec Lord Stewart.

De Mme Jouberton sa seconde femme, il eut :

Charles, prince de Musignano, marié à sa cousine Zénaïde fille de Joseph.

Létizzia, mariée à M. Wyse, Irlandais de distinction.

Jeanna, mariée au marquis Onorati.

Paolo, mort en Grèce.

Pierre, célèbre par ses brutalités.

C'est en l'année 1821, que la Princesse *Létizzia* épousa sir Thomas Wyse du Manor of St-John, gentillhomme Irlandais, d'une antique et illustre famille, actuellement ambassadeur de la grande Bretagne en Grèce. De ce mariage sont nés :

Napoléon Bonaparte-Wyse.

Marie-Studolmina-Letizzia-Bonaparte-Wyse, mariée, comme nous le verrons dans le chapitre suivant, à M. le comte de Solms.

Comme on le voit madame Marie de Solms est incontestablement issue de la famille Bonaparte, naissance dont soit dit en passant, nous aurions peut-être pu la féliciter, il y a quelques années encore.

Deux mots maintenant sur son grand cousin illustré sous le nom de *Badinguet :*

Nous n'avons pas besoin, nous le pensons de retracer comment, survivant à son frère tué à ses côtés dans une émeute contre le pape à Rome, Louis Napoléon Bonaparte se posa dès lors comme le prétendant à l'empire français, et comment vivant dans une débauche continuelle il fût amené, pour plaire à ses partisans, et tâcher de payer ses dettes, aux deux célèbres échauffourées de *Strasbourg* et *Boulogne*. Son histoire est trop connue pour que nous ayons besoin de la rappeler.

Un évènement imprévu, vint tout-à-coup étonner le monde et raviver les espérances, nous voulons parler de la date à jamais mémorable du 24 février 1848, qui acclama la république ; ce gouvernement si cher aux hommes de cœur. M. Louis Napoléon Bonaparte, aux abois, entrevit par ce changement subit une lueur d'espérance, la nation grande et généreuse, ouvrit ses portes à tous ses enfants, sans acception d'opinion ; un seul fût excepté, ce fût précisément celui qui pour se refaire avait le plus besoin d'y rentrer, il ne se tint pas pour battu ; aidé par l'or d'une femme, et celui de sa bien-aimée cousine Mathilde, cette femme vendue pour de l'or à un marchand Russe, il intrigua tant et tant qu'il parvint à se faire élire représentant du peuple à l'assemblée constituante.

C'est surtout en cette circonstance, que le futur représentant eût occasion d'apprécier le dévoûment de sa belle cousine que l'Empereur devait expulser brutalement. Avouons-le en toute humilité Mme Marie de Solms, confiante dans les promesses de son indigne cousin, fut l'un des plus grands propagandistes de son élection, son salon était ouvert à tous et lorsque la belle cousine prenait sa défense l'on songeait moins aux journées de Boulogne et de Strasbourg ; visites aux rédacteur, démarches, publications rien ne fût épargné par elle pour assurer son triomphe ; c'est ainsi qu'elle a participé à la fortune de son cousin. Lorsque proscrit il venait à Paris pour voir comment allaient ses affaires, c'était à l'hôtel de sa cousine, boulevard des Italiens qu'il venait se réfugier ; sous la présidence encore, le citoyen Bonaparte reçevait avec plaisir et recherchait même avec empressement la société de Mme de Solms, capable par son tact et son talent de donner à son salon une grâce et un charme rares à trouver dans le reste de sa famille.

Il se glorifiait alors de celle qu'il devait accabler plus tard de ses persécutions, et qu'il voulait renier comme parente. M. Napoléon Bonaparte-Wyse frère de Mme de Solms et proscrit comme elle n'était pas étranger non plus à l'affection de M. Bonaparte. Nous avons vu des lettres fort affectueuses dans les quelles il le remercie de ce qu'il a fait pour assurer son élection dans le midi et dans les quelles il le qualifie avec emphase, de « mon cher cousin. »

Mais le 2 décembre en refaisant la fortune et la position de l'ancien détenu de Ham, devait aussi changer toutes ces relations, Mme de Solms avait refusé de prendre part à la curée, et loin d'applaudir à cet acte infâme qui avait fait répandre le sang le plus pur de la France, elle disait à qui voulait l'entendre que son cousin ne pouvait jamais inspirer que du mépris. Ces nobles paroles ne pouvaient en aucune façon être du goût de l'époux d'Eugénie; nous verrons par la suite comment il s'y est pris pour la punir de sa franchise et la récompenser de ses services.

UNE ALLIANCE ILLUSTRE

Elle était ce qu'elle est encor ;
Fille au front pur et femme au cœur d'or !
Vous ses aïeux qu'êtes vous devenus !

L'AUTEUR.

L'espèce de discrédit dans lequel était tombé la famille Bonaparte, après les échauffourées de Strasbourg et Boulogne et surtout par la conduite peu digne que menait celui qui prenait le titre de chef, n'était pas faite pour permettre à ses membres de contracter des alliances selon leur vanité, celle de M. Louis en est une preuve vivante.

Le mariage de Mme de Solms fut donc un grand évènement et dont on fit le plus de bruit possible, c'était depuis lontemps en effet l'alliance la plus considérable qui se fût contractée par un membre de la famille. Le futur appartenait à une des plus grandes familles d'Allemagne. La maison de Nassau, qui règne en Hollande, et la maison de Solms sortent d'une même souche, des deux frères puînés de l'empereur Conrad Ier. La famille de Solms compte une foule de noms illustres; nous n'en citerons que quelques-uns pour le moment. La comtesse Amélie de Solms, princesse d'Orange et grand'mère de Guillaume III, roi d'Angleterre; le comte Henri Trajectin de Solms Braunfels, qui se distingua à la fameuse journée de la Bogne, laquelle anéantit les espérances de Jacques II. Le nom des Solms est très-connu en Belgique, où avec le Taciturne ils prirent part à la guerre de l'indépendance. Il fallait voir aussi avec quel empressement tous les parents accoururent: tous les Bonaparte du monde étaient de la fête, les Pierre, les Jérôme, les Lucien, etc., se qualifiant de grands princes étaient là.

Pour procéder avec ordre et retracer ce fait avec plus de précision, nous traduirons d'une brochure publiée en anglais par M. *John Ryan,* les renseignements que vous allez lire, dont nous pouvons vous garantir l'authenticité.

Mme de Solms est née le 25 avril 1833, elle a donc aujourd'hui 20 ans; sa naissance fut un grand bonheur pour sa mère qui désirait vivement une fille. Dona Letizzia Bonaparte, mariée à 14 ans à M. Wyse, qu'elle avait épousé à la condition d'aller à Ste-Hélène voir l'Empereur pour lequel elle avait un véritable culte, avait eu son premier enfant, Napoléon Alfred Bonaparte Wyse, expulsé également de France avec Mme de Solms, à l'âge où l'on joue ordinairement à la poupée; elle n'avait donc pu comprendre les joies de cette maternité trop précoce ; aussi la naissance de sa petite fille venue dix ans plus tard, fut-elle pour elle la révélation de ce sentiment que Dieu a mis au cœur de chaque femme : l'amour maternel. Les premières années de la jeune Marie se passèrent en Angleterre ; elle commença comme tous les enfants prodiges ; plus heureuse qu'eux, elle justifie aujourd'hui les pronostics de son enfance. A l'âge de trois ans elle lisait comme son professeur et demandait à tue-tête qu'on lui apprît à dessiner ; à trois ans et demi, elle manifesta un jour à ses parents, le désir d'aller voir égorger un mouton ! Emue de cette demande féroce et doutant du bon cœur de Marie, sa mère la réprimanda sur son désir sanguinaire. « Maman, je veux savoir ce qu'on souffre quand on meurt, afin de ne pas crier quand cela m'arrivera, répondit la jeune Spartiate. » Il fut impossible de la détourner de son projet ; on eut beau lui dire que les petites filles ne mouraient pas comme les moutons, elle ne voulut rien entendre.

A six ans, sa récréation favorite était les grands hommes de Plutarque ; elle aimait l'étude de l'histoire ancienne, Scipion, Annibal la transportaient, Cicéron l'électrisait ; elle aimait à lire la vie d'Aristide que l'on compara si souvent à son grand-père et qu'elle admirait par dessus tous. Son goût pour le dessin se révéla de bonne heure : on ne voyait partout que des yeux, des nez, des figures entières, informes quelquefois, mais où le sentiment d'un art instinctif dominait toujours. Tant de précocité, de savoir devaient porter malheur à Marie, son intelligence trop cultivée s'agrandit trop facilement ; son front prit des proportions inconnues, une fièvre horrible, la fièvre cérébrale, s'empara d'elle. Condamnée par la faculté de Paris tout entière, abandonnée par Récamier, Marjolin, etc., etc., elle ne fut sauvée que par les soins et le dévoûment du docteur Koreff, auquel elle porta jusqu'à sa mort une vive et sincère amitié. L'illustre praticien entreprit cette cure difficile; il prévint qu'elle pourrait rester imbécille; sa mère dit : « Tout ce que vous voudrez, mais conservez-la-moi. » Après deux mois d'une lutte acharnée avec la maladie, la disputant corps à corps au ciel qui voulait la reprendre, ce savant médecin remporta la victoire, et l'enfant fut sauvée, à force de soins, de glace et de calomel.

Nous passerons rapidement sur les premières années de la jeune Marie. Après un séjour de cinq ans en Allemagne où la propension donnée à son éducation obligea de lui donner un précepteur, viel étudiant tout confit de science, elle vint à Paris pour faire sa première communion. Ce fut M. Gallard, l'estimable vicaire de la Madeleine, frère de l'archevêque de***, qui l'y prépara. Sa piété, sa modestie, étaient si grandes, elle était si naturelle, si simple, malgré l'énergie de son caractère qui se dessinait déjà, que le respectable prêtre disait à la princesse Létizzia sa mère: « Mais ce n'est pas un enfant que vous m'amenez là, c'est un ange. » C'est pendant les trois années qui suivirent, que Marie passa en partie au couvent, et qui furent exclusivement employées à terminer son éducation et à prendre ses diplômes, qu'elle puisa les éléments des talents précoces qu'elle devait avoir un jour. Son talent pour la poésie, l'avait fait surnommer au couvent la Déshoulières en pantalon; il faut vous dire pour expliquer ce dernier mot que c'était une grande humiliation pour la jeune fille que de porter des pantalons, que, par une manie assez singulière, sa mère ne lui fit quitter que la veille de son mariage. Sa grand'mère, Mme Lucien Bonaparte, veuve du prince de Canino, femme aussi supérieure que distinguée, elle-même, fut bien souvent surprise, émerveillée et presque effrayée, lorsque Mme Létizzia lui apportait des vers de sa petite-fille, dont la verve précoce l'étonnait, en même temps que les idées étrangement indépendantes lui donnaient à réfléchir. Un jour, qu'elle passait avec sa mère dans la rue, Marie aperçut un homme qui battait un nègre sous une porte cochère. « Misérable! » s'écria la jeune enfant en s'élançant sur lui et lui arrachant son bâton, sans mesurer le danger auquel elle s'exposait, en provoquant ce furieux armé, « *tous les hommes sont libres!* De quel droit oses-tu frapper celui-ci? » — Elle avait quatorze ans environ, lorsque son maître de dessin, un nommé Grecia, indigne par son caractère, de sa noble écolière, osa lui manquer, en lui parlant légèrement dans la conversation. Droite et fière, avec l'aplomp et la dignité qui la distinguèrent depuis, elle le chassa, et courut près de sa mère se plaindre du manque d'égards que lui avait montré son professeur. La princesse Létizzia, courroucée, le fit appeler sur-le-champ; il se justifia, nia l'accusation portée contre lui, par Marie, et, par une inconséquence assez blâmable, la mère donna raison au peintre qu'elle aimait beaucoup et ordonna à sa fille de continuer ses leçons. Justement blessée de ce que sa mère pouvait hésiter entre ce que disait le misérable et elle, Marie, d'un ton ferme et décidé, dit : « Je suis désolée de me voir dans l'obligation de désobéir » à ma mère que je respecte, mais je vous défends, mon- » sieur, de remettre jamais les pieds ici, quelle que soit » l'autorisation qui vous en soit donnée par maman que » voici. »

La princesse ne tint pas compte de cette parole qu'elle prit pour une lubie d'enfant gâté, et prit encore moins garde à la pâleur de l'enfant, en prononçant cette menace, et l'envoya en pénitence. Le lendemain, fier et tout hautain de l'appui que lui donnait la mère, le professeur osa se présenter pour la leçon. Marie était assise devant son chevalet. « Ah ! vous avez osé revenir, dit-elle, en allant fermer tranquillement la porte, malgré ma défense ; eh bien, vous allez être puni selon vos mérites ; » et saisissant une cravache, elle la brisa sur la figure du menteur abasourdi dont les joues blafardes se couvrirent d'une teinte sanguinolente. « Ce n'est pas tout, » dit-elle ; « tu m'as » manqué et tu l'as nié, un mensonge pour excuser une » bassesse, ajouta-t-elle d'un ton méprisant, tu vas m'écri- » re sur ce papier que tu es un misérable, que tu as abusé » de la bonne foi de maman, et à ce prix, tu ne sortiras » pas par la fenêtre comme je me le proposais d'abord, » tu te sauveras par la porte ; mais dépêche-toi, mon in- » dulgence ne serait peut-être pas aussi grande dans cinq » minutes. »

Le professeur dut céder à l'étrange domination du regard de l'enfant ; il était pourtant quatre fois plus fort qu'elle, tant il est vrai que le courage moral, centuple les forces physiques. Un homme d'énergie, quelque grêle qu'il soit, n'est jamais lâche !

Le désir de se préparer à prendre ses diplômes, décida Marie à demander à sa mère de la placer, pour un an, au couvent de Picpus, où se trouvait une classe de jeunes personnes, savamment préparées pour le baccalauréat. L'étonnante intelligence de Marie seconda ses efforts, elle apprenait avec une facilité incroyable, et elle possédait cette insatiable curiosité sans laquelle on n'est jamais savant.

Elle voulait savoir le pourquoi et le parce que de chachose, comparait les sciences les plus opposées et faisait une application et un parallèle moral à l'usage de la vie, de chacune de ses études. Son éducation eût ravi Jacotot dont elle réalisait le problème : « Tout est dans tout ; elle surprenait Lévi, Chateaubriand, Ballanche qui ne pouvaient pas comprendre comment cette jeune tête faisait pour retenir et coordonner, sans pédanterie, ce tout indigeste de savoir, de science qui eût défrayé dix savants. Son premier examen à l'hôtel de ville fut pour Marie de Solms un brillant succès, quoique le premier diplôme ne soit accordé que pour les sciences élémentaires, elle rentra toute fière avec sa pancarte d'institutrice; désormais elle pourrait tenir un externat!

Elle n'obtint le second diplôme qu'à la deuxième épreuve.

Lorsqu'elle passa enfin son troisième examen qui est le dernier et le plus sérieux de tous, la salle de la Sorbonne était comble; sa composition fut brillante, chaleureuse, parsemée de traits heureux et étincelants. Mû sans doute par un sentiment de galanterie, le chef du jury, lui demanda de faire un parallèle entre Louis XIV et Napoléon et de raconter l'histoire de l'Empereur; elle s'en tira fort habilement, accordant ensemble ses idées libérales et son enthousiasme pour l'illustre guerrier, dont elle était la nièce.

Pleine d'admiration pour le premier consul, déjà son sens politique se révélait, elle passa rapidement sur les années de l'empire, pour en arriver à Ste-Hélène; dédaignant, oubliant l'empereur, exaltant le général, pleurant sur le martyr, elle subjugua ses auditeurs qu'elle étonna en même temps. Tant de grâce, de réflexion, d'intelligence, appartenaient-ils à cette femme, à cette enfant? N'était-ce pas plutôt un miracle de la providence?

Pendant que cette jeune fille croissait en grâce, en beauté, la révolution se préparait; elle arrivait à pas de géants; le gouvernement provisoire de glorieuse mémoire se mettait à la tête du pays; ce fut à cette époque, à peu près, qu'un parent du président, par son mariage avec une Taschernais, M. Barillon, rédacteur du journal *la Liberté*, présenta à la princesse Létizzia, le comte Édouard de Solms, qui se trouvait avec son frère et M. de Bassano à la tête des mines de Bône, immense entreprise dans laquelle ces messieurs avaient, dit-on, versé plusieurs millons. MM. de Solms et de Bassano étaient en outre chargés pour le moment, de l'approvisionnement de Paris, comme commissaires du gouvernement provisoire. Occupé de ses affaires, de ses ambitions démesurées, M. de Solms ne vint d'abord que rarement chez la princesse Létizzia. Aussi n'est-ce que six mois plus tard, en septembre 1848, qu'il fut présenté à Marie, à Maisons-Lafitte, qu'on nous permette à ce propos de raconter l'histoire du mariage de Marie, histoire toute romantique et que bien peu de gens connaissent.

L'on s'est demandé souvent ce qui l'avait amené. Les histoires les plus bizarres, les plus étranges, les plus ridicules, ont été avancées; qui se douterait que dégagée de toutes ses amplifications, réduite à un incident des plus simples, Marie s'est mariée à cause d'un soufflet? C'était pendant les dernières chaleurs de l'été; la princesse Létizzia avait fait venir sa fille du couvent pour passer deux jours avec elle. Maisons-Lafitte était, à ce moment de l'année, animé par de charmantes fêtes champêtres, conçues et ordonnées par la spirituelle et aimable baronne des Villars.

Voulant distraire Marie, sa mère résolut de la mener à l'une d'elles, et ce fut par des bonds de joie que la jeune enfant accueillit cette proposition; mais violente, emportée, quoique excellente et dévouée au fond, au moment de partir pour le bal, Mme Létizzia eut avec sa fille une petite discussion, toute de toilette.

Puritaine comme un petite pensionnaire de quinze ans, elle ne voulait pas se décolleter, tandis que Mme Létizzia, fière des charmantes épaules de sa fille, par une vanité peut-être excusable chez une mère, tenait à montrer Marie dans tous ses avantages. La résistance de sa fille l'ennuya : emportée par un mouvement d'humeur, inhérent à sa nature toute italienne, elle lui ordonna de mettre la robe dédaignée, et impatientée de ce qu'elle semblait encore vouloir s'y refuser, Mme Létizzia lui lança un soufflet; c'était le premier et sans doute le dernier qu'elle recevait.

La jeune fille, pâlissant, non pas sous la douleur, mais sous l'affront qui lui était fait, sortit chancelante de la chambre, s'habilla comme le désirait sa mère et descendit dix minutes après au salon, calme, reposée en apparence, sans qu'une larme parût être tombée de ses yeux. La princesse Létizzia, qui s'était repentie de son emportement et qui d'ailleurs l'adorait, en la voyant reparaître si sereine, crut qu'elle avait oublié ce qui s'était passé, et elles se rendirent au bal, comme si rien n'avait eu lieu. Tous les habitans de Maisons s'y étaient donné rendez-vous. La première personne que Marie et sa mère virent en entrant, fut le comte Édouard de Solms. Présenté à la jeune fille, il sollicita de sa mère la permission de la faire danser, ce qui lui fut accordé; mais à peine Marie était-elle en place et les premières mesures du quadrille lancées, qu'un torrent de larmes s'échappa de ses yeux. La lumière, la musique, la foule, tout enfin amenaient l'explosion de cette douleur contenue à grands efforts depuis deux heures; c'était un chagrin rentré; l'on a vu assez souvent de ces singuliers effets que l'on attribue à une harmonie existant entre la musique et les nerfs. Surpris, effrayé, ne comprenant pas ce que cela voulait dire, M. de Solms entraîna la jeune fille dans un coin retiré de la salle de bal, et tout ému lui demanda: « Mais qu'avez-vous, chère petite, que vous est-il arrivé? » — « Il m'est arrivé, monsieur, répondit la jeune fille en pleurs, que maman m'a donné un soufflet, que je suis bien malheureuse et que je voudrais me marier!

—» A quel propos ce désir si subit?

—» Parce que je sens que je ne pardonnerai jamais à maman, tant que je serai sous sa dépendance, et que lorsque je serai ma maîtresse, je ne me souviendrai plus que de ses bontés; mais je veux pouvoir toujours aimer, maman. Mon Dieu, mon Dieu, que je voudrais me marier!

pourquoi donc n'ai-je pas de dot? » La pauvre enfant, naïve et innocente, ne savait pas ce que c'était que le mariage; personne ne le lui avait appris; l'étude même de la botanique, qu'elle approfondissait chaque jour, n'avait pas même été pour cette sublime pureté, l'occasion d'un rapprochement; pour elle le mariage c'était la liberté, cette liberté qu'elle devinait par instinct, dont un jour elle devait être l'un des plus fervents apôtres; inexpérimentée, elle s'avançait vers la servitude qu'elle prenait pour l'indépendance. M. de Solms était un homme d'énergie, aventureux, d'une existence assez bizarre, un Allemand à la façon d'Hoffman, aimant les idées biscornues, les évènements imprévus, les situations fausses, enfin, tout ce qui sortait, du domaine de la vie réelle. C'est là la pire espèce de gens, avec de bonnes intentions ils sont toujours nuisibles aux autres, sans jamais se faire du bien à eux-mêmes. Puis, il y a de ces projets étranges, de ces résolutions soudaines que l'on prend en une seconde et que l'on accomplit, je ne sais pourquoi, peut-être à cause de la promptitude avec laquelle elles vous sont venues. Entraîné par l'étrange domination de la jeune fille, ému de ses larmes, comprenant tout ce qu'il y avait de sérieux au fond de cette enfantine fureur, il lui dit : « Vous tenez donc à » vous marier, mon enfant? — Oui, monsieur, épousez-» moi, je vous en prie, je serai bien gentille, je...— Il » n'est pas question de moi, mademoiselle, interrompit » M. de Solms, surpris de cette naïve demande, je suis » marié, et mes cheveux qui grisonnent n'iraient guère » avec les vôtres; mais je vous vois malheureuse, je désire » vous être utile. Vous voulez être appelée madame; dans

» la disposition d'esprit où vous êtes, vous feriez peut-être » une sottise; eh bien, voici ce que je vous propose: j'ai » un frère, brave, dévoué, honnête, il est sans lien, sans » famille; il m'arrive dans un mois, il fera ce que je vou- » drai, voulez-vous l'épouser? Il n'y comprendra rien » d'abord. Il me remerciera plus tard. — Oh oui, mon- » sieur. Que vous êtes bon! Ne pouvez-vous pas le faire » venir plus tôt? — Non, mademoiselle, il faut d'ailleurs » vous donner le temps de réfléchir; dans quinze jours, je » viendrai chercher votre réponse; si le 17 octobre vous » êtes toujours dans les mêmes dispositions, dans deux » mois vous serez Mme de Solms; d'ici là gardez-moi le » secret.—Eh bien, adieu, mon cher beau-frère. » Et l'ingénue se sauva, toute consolée, rejoindre sa mère qui l'appelait.

Le soir, en se couchant, Marie avait un secret; c'était un remords pour cet âme naïve; c'était la première action de sa vie que Marie ne disait pas à sa mère; aussi sa prière fut-elle plus longue et elle s'endormit consolée par ses instincts d'indépendance, qui lui disaient: Tu as bien fait. »

Quinze jours après, M. de Solms, croyant que la colère, de la jeune fille était passée, se rendit chez Mme Létizzia, décidé à oublier sa proposition, si l'enfant ne la lui rappelait pas la première. Il ne pouvait croire à une résolution si tenace chez une si jeune fille. Désirant faire valoir Marie, sa mère l'appela et l'espiègle se mit à son piano, montra ses dessins, ses herbiers, ses vers, ses livres, sa bibliothèque, et comme M. de Solms surpris oubliait presque l'étude de mœurs qu'il venait faire, elle s'approcha et lui dit tout bas

et tout résolûment : « Et mon mari, monsieur, l'avez-vous oublié? » Décidé par cette demande, dominé en outre par ce sentiment égoïste et tout personnel, de faire entrer dans sa famille une si charmante femme, qui devait être célèbre un jour, il répondit : » Dans dix jours il arrive. » De ce moment, le mariage fut résolu. M. Frédéric de Solms arriva comme c'était annoncé ; M. É. de Solms fit la demande en mariage le lendemain. Étonnée de cette brusque proposition, la mère demanda à réfléchir, disant que Marie était trop jeune. Elle la fit appeler et elle dit : « Maman,
» je veux épouser M. de Solms, je n'aurai jamais d'autre
» mari que lui. — Mais, enfant que tu es, tu as vu ce
» monsieur une fois, il porte un beau nom, c'est vrai,
» mais nous ne savons rien de lui, nous ne connaissons
» que très-superficiellement son frère ; tu as quinze ans ;
» va, les maris ne te manqueront pas, tu pourras choisir.
» —Je veux l'épouser, maman, répond la petite mutine. »

Un mois se passa, Marie disait toujours la même chose.
« Mais, ton amoureux est très-laid, lui disait-on.

— » Cela m'est égal.

— » Mais il n'a pas d'esprit, c'est un sauvage ; on le
» dirait élevé dans un corps de garde.

— » Cela m'est indifférent.

— » Mais sa fortune est dans des entreprises industrielles ; cela n'est pas solide.

— » J'ai promis, maman, je n'épouserai jamais que
» M. de Solms. »

Quoique nullement décidée encore, la princesse prit des informations qui furent assez favorables, la demande officielle fût faite par la comtesse Ed. de Solms accompagnée de son père le marquis de Vitry, ancien garde du corps, aide de camp du duc de Grammont, propriétaire du beau château de Lémonthon et fort connu dans le faubourg St-Germain par ses trois mariages avec les plus riches héritières de France. Mme Edouard était une belle et charmante femme distinguée et sympathique, elle jouissait de la meilleure réputation et passait pour une sainte; elle amenait avec elle deux jolis enfants, avec lesquels Marie joua et se roula sur le tapis. Cependant Létizzia hésitait, et malgré la volonté exprimée par l'enfant, le mariage n'eût pas eu lieu si une volonté plus puissante, une influence déjà redoutée dans la famille, ne fut intervenue. Voici comment :

Louis-Napoléon était à Londres, pendant qu'on le faisait nommer représentant à Paris. On le posait comme le représentant du nom de Napoléon, ce funeste symbole, à l'aide duquel l'on a perdu la France, car c'est en popularisant trop l'oncle qu'on a égaré l'opinion publique sur le fils de la reine Hortense qui n'était alors que le porteur d'un grand nom. Enfin, un certain parti à la tête duquel se trouvaient les deux associés MM. de Solms et de Bassano, s'organisa, et ils se décidèrent, lorsque le moment paru propice, à envoyer chercher Louis-Napoléon à Londres. Ce fut M. de Bassano qui fut désigné pour le voyage pendant que M. de Solms devait rester à Paris, pour préparer les voies et recruter des partisans au *prince ruiné.*

M. de Bassano arrivé à Londres, causa avec Louis-Napoléon, il essaya de le monter à la hauteur de son rôle. Le futur empereur des Français oubliait au sein de l'orgie entre les bras de la Cerrito et d'une demoiselle de Brunetière dont la mère voulait faire une future favorite, le récent refus qu'il venait de subir de Mlle Burdett Coutt's, la nièce du *duc* de *Wellington*, qu'il voulait épouser à toute force.

Les faux raisonnements de Louis-Napoléon, la monomanie dont il semblait atteint, son apparence malsaine et scrofuleuse décourageait un peu M. de Bassano; cependant il repartit pour Paris, emportant la promesse du prince de le voir arriver bientôt : malheureusement, il ne devait que trop la tenir ! en effet, trois jours après, un homme éperonné, sonnait à la porte de M. de Solms, 27, Boulevard des Italiens ; c'était Louis-Napoléon. Sa première visite à Paris était pour ceux qui avaient préparé son retour : c'était justice. M. de Solms avec l'énergie qui le caractérisait alors, trouva le moyen, en quelques heures, de réunir autour de lui des hommes tels que Proudhon, Joly, etc., etc. ; hommes purs, honnêtes, natures désireuses du bonheur de la France, et qui tout émerveillés par ses belles promesses lui promirent leur appui. Au moment de quitter la maison de M. de Solms, Louis-Napoléon se tourna gracieusement vers M. de Bassano et lui dit : « Vous êtes de » mes fidèles, marquis, si nous réussissons, vous réussissez » avec nous; digne fils de votre père, je n'ai besoin de » rien vous promettre; tout vous est dû; mais vous, » M. de Solms, que puis-je faire pour vous? Comment » reconnaître l'immense service que vous me rendez en « m'apportant la coopération d'hommes tels que ceux- « là ! » — « Il désignait Proudhon, et les autres. Prince, » je ne veux rien pour moi, pour *le moment*,» répondit M. de Solms; « mais mon frère désire vivement épouser » une jeune personne de votre famille, Mlle Marie Bona-

» parte-Wyse; sa mère hésite, la trouvant trop jeune;
» votre approbation trancherait la difficulté; je viens
» vous la demander à vous, prince, ainsi que votre con-
» sentement et votre présence surtout.» — « *N'est-ce que*
» *cela, je vous l'accorde*, répondit Napoléon; je serai
» charmé que ma jeune cousine devienne la femme de
» votre frère, la *belle-sœur d'un homme que je tiens en*
» *grande estime;* et pour vous montrer tout mon *bon*
» *vouloir, toute ma sympathie pour cette union*, Bassano,
» soyez un des témoins, je vous adjoindrai Morny ou
» Montholon; si la fille de ma cousine tient ce qu'elle
» promettait tout enfant, ce sera l'astre de *notre famille.* »

Tout heureux du consentement qu'il venait d'obtenir, M. de Solms se rendit à Boulogne près St-Cloud, qu'habitait alors la princesse et sa fille; décidée par la volonté hautement manifestée de son cousin, elle, ni personne ne firent plus de difficulés, et tout cela se décida, s'enchevêtra si promptement que le mariage eut lieu le 12 décembre 1848, deux jours après l'élection présidentielle. Marie avait vu son fiancé quatre fois; elle ne savait rien du mariage, de la vie, c'est tout dire : le mariage, eut donc lieu avec grand éclat à Boulogne-sur-Seine; le général de Montholon représentait le prince au nom duquel il fit de sincères excuses, la cérémonie se trouvant trop près de son installation pour qu'il pût y assister en personne; à l'exception de sa présence, toutes les autres promesses étaient rigoureusement tenues. Bassano, Montholon étaient les témoins de la mariée. Voici un extrait des articles qui parurent dans tous les journaux à l'occasion de ce mariage, notamment dans les journaux présidentiels d'alors : la Presse, l'Assemblée Nationale, le Courrier de Limoges, etc., etc., du 20 au 25 décembre.

« Lundi dernier, une foule immense se pressait dans la petite ville de Boulogne près St-Cloud, pour la célébration du mariage de Mlle Marie Bonaparte Wyse, fille de Mme la princesse Létizzia Bonaparte, avec le comte Frédéric de Solms, de l'illustre famille de ce nom, l'une des plus ancienne de la Germanie. La beauté de cette jeune femme est si grande que lorsqu'elle paru sur le seuil du temple, appuyée au bras du général Montholon, un murmure d'admiration courut parmi le peuple amassé devant l'église. Très-simplement habillée, sans diamants et sans dentelles, la pure figure de la mariée resplendissait d'un tranquille éclat. Aucun incident n'a troublé la cérémonie; c'est la jeune sœur de la mariée, et le fils de Mme Édouard de Solms, grande et digne personne, qui ont fait la quête. De nombreuses signatures couvrirent le registre à la sacristie, la princesse Létizzia Bonaparte passait la plume à la comtesse Édouard qui la repassait à la princesse de Latour d'Auvergne, etc. Parmi les témoins l'on remarquait le général de Montholon, le baron de Montgaudry, M. de Bassano, un général belge dont le nom m'échappe. Tout le monde paraissait content; en effet, il est d'un bon prélude pour le nouveau pouvoir qui s'inaugure de voir son alliance recherchée par les grandes familles européennes, etc., etc. »

Après la messe il y eut un splendide déjeuner. La nouvelle mariée alla s'habiller, et toute désireuse, la pauvre enfant, de goûter de sa nouvelle vie d'indépendance, elle voulut partir sur-le-champ; la voiture s'avança; son mari allait s'y élancer à sa suite, lorsqu'elle lui dit ingénument : « Mais nous nous amuserons tout seuls, prions le » docteur et sa fille (c'était une charmante personne de » 16 ans, qu'elle aimait beaucoup), de venir avec nous.»

M. de Solms auquel sa jeune et candide épouse était assez indifférente; assez ennuyé du reste, de l'étrange innocence qu'elle montrait, y consentit facilement. Arrivé à Paris, il fallut en passer par tous les caprices de Marie, quelques déraisonnables qu'ils fussent. On dîna au cabaret : elle n'avait jamais vu l'Opéra-comique, elle voulut y aller ; l'on jouait la *Dame-Blanche,* on loua une loge, et toujours accompagnée du médecin et de sa fille, M. et Mlle Guillard, l'on s'y rendit; après, on alla prendre des glaces chez Tortoni. On rentra ensuite à l'hôtel que devait occuper Mme de Solms jusqu'à ce que ses appartements fussent prêts. Passons sur ce mariage. Peu de gens l'ont compris, en ont su les horribles détails; cette odieuse histoire, pendant de celle de Lady Har... D'Arsay fait mal à raconter; toutes deux femmes sans époux, avec cette énorme différence entre elles deux toutefois, qu'un mois après son mariage, la jeune et pure mariée ne savait encore rien des joies et des devoirs du mariage, tandis que son mari s'enivrait avec une fille des Boulevards qu'il affichait comme sa maîtresse.

Passons, oh ! oui, passons ! Qu'il vous suffise de savoir, que, bien longtemps encore, la pauvre enfant put porter la couronne blanche, la robe sans tache, et le voile virginal de la mariée du 12 décembre.

Malgré son ignorance de toutes choses, par un vague instinct, sentant combien sa position était fausse, Marie se jeta dans les plaisirs du monde : bals, fêtes, elle n'en avait jamais assez ; c'est sous les auspices de son oncle le prince Lucien Bonaparte qu'elle fit son entrée dans le monde parisien. Le prince avait une prescience de l'étrange position de sa nièce, il blmait, à cette époque, le mariage et chercha plusieurs moyens de le faire annuler. La jeune femme s'y opposa par pudeur ; désireux de la distraire, fier de ses admirables talents, il la conduisit partout. Les salons des ministres, de la préfecture, le salon si distingué de Mme de Mirbel, dont elle était du reste l'élève et l'émule, retentirent du bruit des succès de la jeune Mme de Solms.

Son oncle était si singulièrement fier d'elle, disons plus, il voulait tellement se poser par elle, que, dans une seule soirée, il l'obligea d'aller chez MM. de Falloux, Lacrosse et Buffet, tous trois ministres alors ; en deux heures elle charma quatre à cinq mille personnes, et Dieu sait les partisans que cela faisait à M. Lucien Bonaparte, et combien son élection s'en avançait pour autant ; nous avons sous les yeux des lettres de MM. Lacrosse et Buffet à Mme de Solms, parlant de cette élection, à propos d'un échec éprouvé par M. Lucien ; elles portent le timbre et le cachet des ministères occupés par ces Messieurs, et sont tout entières de leur écriture. Mais ce n'est pas notre affaire, et Mme de Solms publiera tout cela dans une brochure qu'elle se propose de faire paraître ; nous remarquerons seulement, entre autres choses, dans une lettre de M. Lacrosse, ministre des travaux publics et de l'intérieur, par intérim, cette phrase :

Madame,

Je fais pour vous une *exception unique et sans précédent.*

Les œuvres de M. de Pommeyrac (un protégé de Mme de Solms) seront reçues jusqu'au 8 juin. La pensée de vous être agréable, à vous et à Mme de Mirbel, me décide ; je suis heureux d'outrepasser mes pouvoirs en cette occasion.

Comment votre influence n'a-t-elle pas fait cesser les hésitations qui rendront peut-être bien difficile l'élection de votre oncle Louis-Lucien Bonaparte? Rappelez-moi à son souvenir, dites-lui qu'il est l'un des hommes que je désirerais le plus avoir pour collègue. *N'y essairez-vous pas?*

Th. Lacrosse.

4 juin.

Il est évident que l'*influence* de Mme de Solms était un fait acquis; tous les jours au bras de son oncle, glorieux d'elle comme un paon qu'il est, elle émerveillait Paris de sa beauté, de ses talents; hélas un autre écueil attendait la pauvre jeune femme; il y a de ces créatures d'élite, marquées au front par la fatalité en naissant. Pauvre Marie! Une haine, qui devait se développer plus tard, commença à naître le jour où Marie fit son entrée à la préfecture chez M. Berger, au bras de son oncle. Une autre femme s'y trouvait aussi, une parente, et cette femme pensa mourir de jalousie à la vue de la fraîche beauté produite par M. Lucien Bonaparte; cette femme, jalouse de génération en génération, avait déjà poursuivi de sa haine envieuse Mme Létizzia Bonaparte; en effet, Mme Mathilde Demidoff, tout nouvellement métamorphosée en altesse impériale, avait trente-cinq ans, Mme de Solms n'en avait pas seize ; la première était difforme de taille, et n'avait jamais été jolie ; la seconde avait cette idéale beauté dont nous parlerons plus tard. Mme Demidoff était tout autre que spirituelle, Mme de Solms promettait déjà d'être ce qu'elle est devenue. Chateaubriand avait dit, un jour, en parlant d'elle : « C'est la première fois que j'ai envie d'en- » lever un mot dit pour un autre, mais n'est-ce pas là » aussi un enfant sublime ! » Et Ballanche et Mme Récamier avaient souri, trouvant l'application juste et méritée. Mme Demidoff, qui avait pour les artistes et les sculpteurs des amitiés *connues*, ne pouvait, malgré cela, se faire considérer parmi eux que pour un fort pitoyable amateur, malgré les corrections de nombreux serviteurs ; Mme de Solms, au contraire, était un véritable artiste, et Mme de Mirbel avait dit un jour en parlant d'elle à son oncle : « Dans dix ans on ne dira plus Mme de Mirbel mais bien Mme de Solms. »

Protectrice éclairée des arts, elle dépensait moins que Mme Demidoff en achats inopportuns de tableaux ou de statues médiocres, mais elle savait découvrir un talent inconnu, un mérite à naître, et le produire au grand jour. Que de gens n'a-t-elle pas ainsi dévoilés à eux-mêmes et au monde ! En un mot, Mme Demidoff parvenait à peine, et à grands frais, à avoir les talents, la célébrité que possédait tout naturellement Mme de Solms sans les rechercher et sans les désirer. L'une était le diamant, l'autre le strass, pour l'intimité et les jouissances de l'esprit. Pour le public c'était plus encore ; une mignonne, délicieuse, régulière, accomplie créature, accouplée avec une grosse cuisinière arrangée sans goût sous ses vêtements somptueux, et dont la fade et plate physionomie prenait à peine un peu de reflet de l'innombrable quantité de joyaux sous lesquels elle paraissait toujours entassée; le monde, qui est quelquefois méchant dans ses applications, disait souvent, et le spirituel Eug. Guinot le répétait dans son journal : « Étaient à » ce bal, la princesse Mathilde avec *tous ses diamants*, » Mme de Solms avec toute sa fraîcheur et sa beauté. » De tout ceci, de cette inconcevable rivalité naquit, cette odieuse haine dont nous connaissons les conséquences. On raconte à ce propos, que lorsque le vieux roi Jérôme avait besoin d'argent, il réussissait toujours à en extorquer à sa fille en lui promettant d'abîmer Mme de Solms; si elle refusait, il la vantait; ce moyen était infaillible! Tel est à peu près l'historique de cette alliance qui en satisfaisant l'orgueil de Bonaparte devait comme nous le verrons plus tard empoisonner l'avenir de la jeune et belle Mme de Solms. Ce mariage était tellement dans les goûts de la famille que ne trouvant pas M. de Solms encore assez proche parent, Lucien Bonaparte, fils de Lucien, et par conséquent oncle de Mme de Solms, résolut d'adopter M. de Solms et à cet effet, consulta les avocats les plus éminents de Paris, qui lui remirent une consultation dans laquelle ils déclaraient que l'adoption était impossible; qu'il était nécessaire, pour pouvoir adopter quelqu'un, d'être au moins âgé de cinquante ans (art. 343 du Code civil). Il n'y avait d'exception que pour certains cas. Pour que M. Lucien pût adopter M. de Solms, il fallait recourir aux grands moyens, l'eau, le fer ou le feu. — Ce fut l'eau qu'on choisit.

Vous allez comprendre. Il y a trois ans environ, vous

devez vous le rappeler, les journaux de Paris annoncèrent que M. Lucien Bonaparte était tombé dans la rivière à Enghien, et qu'il aurait infailliblement péri si M. le comte de Solms, son neveu, ne s'était jeté à l'eau pour le secourir. Cette comédie avait été arrangée d'avance. M. de Solms avait sauvé la vie à M. Lucien Bonaparte devant toute la population d'Enghien, M. Lucien pouvait donc adopter M. de Solms.

M. Lucien est marié, quoique l'on ne s'en doute guère à Paris. Pour adopter M. de Solms, il était obligé d'avoir le consentement de sa femme (art. 344 du Code civil), qui habite Ajaccio, où elle n'est pas dans une brillante position de fortune. Mme Lucien Bonaparte envoya cet acte de consentement dûment légalisé, avec une lettre dans laquelle elle dit à peu près ceci :

« Vous voyez que je m'empresse de faire ce que vous désirez. J'ai à mon tour une prière à vous faire. Cet acte m'a coûté en frais de timbre, de légalisation, etc., 20 francs que je n'avais pas et que j'ai été obligée d'emprunter. Soyez assez bon pour me les renvoyer afin que je puisse les rendre. »

Le tribunal de première instance de Besançon, après s'être procuré les renseignements convenables, vérifié que les conditions de la loi étaient remplies, décida qu'il y avait lieu à adoption.

Mais la cour d'appel à laquelle ce jugement devait être soumis, conformément à l'art. 357 du Code civil, réforma le jugement de première instance et refusa l'autorisation d'adopter.

On conviendra au moins qu'il est bien étrange que l'on

agisse comme on l'a fait envers des parents dont on ne trouvait pas encore la parenté assez rapprochée, envers des neveux dont on voulait faire des enfants.

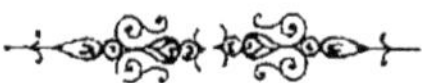

SOUVENIRS DE VOYAGE

> Peut-être hélas! des lieux qui t'ont vu naître,
> Un sort cruel te chasse ainsi que moi.
>
> FOUGAS.

Fatiguée d'une famille qui commençait à se dessiner sous son véritable aspect, et épuisée par les démarches réitérées qu'avaient nécessité sa propagande Bonapartiste, Mme de Solms se décida à faire un voyage en Italie, voyage qu'elle prolongea le plus possible pour éviter le contact de ses parents qu'elle devait encore apprendre à mieux connaître plus tard.

Ce fût vers Rome, la patrie des beaux arts, que la spirituelle et belle princesse dirigea ses pas, là au moins elle serait avec sa mère, avec sa jeune et jolie sœur et entourée de parents et d'amis que la soif de l'ambition ne dévore pas. Peu après son arrivée, Mme de Solms donna le jour à son fils bien aimé, le petit Alexis, peut-être la plus jolie créature enfantine qu'il soit permis de voir, le baptême au quel la digne mère voulût assister eût lieu un mois après en grande pompe dans la vaste basilique de St-Pierre.

Ce sont tous les journaux de l'époque et notamment LE NEPTUNE *journal d'Aix-les-bains,* qui nous ont annoncé cette bonne nouvelle en ces termes.

« Encore une illustre naissance à constater dans la famille Bonaparte, qui se trouvait toute réunie, dimanche dernier dans la vaste basilique de St-Pierre du Vatican, pour le baptême du premier enfant de la jeune et brillante comtesse de Solms, petite fille de Lucien Bonaparte, frère de l'empereur, et cousine du prince-président de la république française. Le vénérable curé de St-Pierre, en personne, et les membres les plus éminents de cet auguste clergé romain, ont voulu présider à la sainte cérémonie et l'honorer de leur présence. Imposante cérémonie, en effet, sous l'ombre de cette gigantesque basilique du Vatican, poëme sublime de Michel-Ange, univers de pierres étendues sur le tombeau vénéré de ce pauvre pêcheur, dont la parole miraculeuse régit toujours le monde, et qui présentait un à-propos d'autant plus touchant que cette solennelle introduction d'un enfant, par les eaux régénératrices du baptême, au sein de l'universelle église, avait lieu près de ces mêmes ossements sacrés, où, il y a tantôt huit siècles, venait de répandre son âme dans la prière, un grand saint du sang des Solms, *Héribert,* archevêque de Cologne et comte de Rothenbourg qui, semblable à tant de personnages célèbres, ses contemporains, oubliait son rang d'électeur du Saint-Empire, pour venir s'agenouiller parfois, en humble pélerin, au seuil des Saints-Apôtres.

« Le jeune enfant, né le 21 janvier, se trouve allié, par les Bonaparte, à toutes les têtes couronnées de l'Europe, cousin du président de la république, arrière-petit neveu de l'empereur, et de cette brillante phalange de rois et princes souverains, ses frères et beaux-frères, illustres feudataires du grand empire, chargés de porter aux extrémités de l'univers les ordres du maître du monde, et par son père à toutes les sommités princières de cette vieille aristocratie nationale d'Allemagne. Personne n'ignore que cette illustre race des Solms, dont l'origine fastique se perd dans les ténèbres d'un passé déjà loin de nous, paraît sur la scène du monde dès les premières lueurs du moyen âge toujours grande, toujours égale à elle-même, sachant mourir sans sourciller pour la patrie, et accomplissant simplement de grandes choses. Le blond enfant de la Germanie se signe aujourd'hui à leur nom, car il lui rappelle essentiellement la gloire, l'indépendance, le triomphe de son noble pays ! Les deux maisons de Nassau (aujourd'hui assis sur le trône de la Hollande) et de Solms, sortis d'une seule et même souche, savoir : des deux frères puînés du roi des Romains, Conrad Ier, qui appartenait lui-même à cette dynastie franconnienne, où les landgraves de Hesse, les princes de Linange et de Wied-Rünckel aiment à rattacher leur royale filiation, ont versé fraternellement, côte à côte, dans la personne de leurs membres, leur sang sur maint champ de carnage ; origine incontestable, justifiée par une communauté d'armoiries presque identiques et de traditions communes.

« Nous les voyons figurer, dès l'an 935, aux premiers tournois, et génération après génération, siècle après siècle, nous ne les voyons jamais obscures, mais toujours resplendir dans les pages immortelles de l'histoire. Leur pennon seigneurial flottait sur mainte tour d'Outre-Rhin, notamment sur leur forteresse patronymique de Braunfels, habitée aujourd'hui par S. A. Sérénissime le prince Frédéric-Guillaume-Ferdinand, né en 1797, chef de cette maison et de cette ligne, que le vent destructeur de la révolution venait seul de priver de ses priviléges souverains en 1806.

« Parmi une foule de notabilités de toute nature, bornons-nous à citer la *Comtesse Amélie de Solms,* princesse d'Orange et grand'mère de Guillaume III, roi d'Angleterre, qu'elle avait élevée, — aussi bisaïeule du grand Frédéric ; —comme le *comte Henri Trajectin de Solms-Braunfels,* célèbre général qui suivit son parent en Angleterre, où il commandait, sous les ordres de Schomberg et de Ginkel, une aile de l'armée anglaise dans cette fameuse journée de La Bogne, qui anéantissait les espérances du roi Jacques II, dont la garde était postérieurement confiée à sa vigilance.

« Blessé à mort sur le champ de bataille de Landen, et prisonnier du maréchal de Luxembourg, qui comblait son illustre captif des soins les plus délicats et les plus soutenus, le héros mourant ne pouvait s'empêcher de faire, avant de s'en aller dans la vie éternelle, au chevalier du Rosel, officier français, cette belle remarque, toute courtoise et chevaleresque, particulièrement flatteuse pour des guerriers français, dans la bouche d'un ennemi généreux : *Quelle nation que la vôtre! les lions ne sont pas plus braves, mais une fois le combat cessé, vos ennemis sont traités comme vos meilleurs amis.*

« La maison de Solms, répandue sur toute la surface de l'Allemagne en de nombreux et florissants rejetons, en Hesse, en Prusse, en Saxe, etc., etc., s'est alliée avec les maisons d'Anhalt, Bade, Brandebourg, Hesse, Isenburg, Linange, Mecklembourg, Sayn, Stolberg, Wurtemberg, etc., etc., — Wimpffen, Heyssen de Klein, Neuhaus, etc., etc. Elle s'est divisée en plusieurs branches ou en deux lignes principales, associées avant 1806, au collége des comtes du Wetterau : la *ligne Bernadienne* et la *ligne Johannite*.

« Cette dernière, représentée par S. A. S. le prince Louis de Solms-Hohen-Solms-Lieh, né en 1805, conseiller d'État prussien, naguère président du Parlement d'Erfurth, marié en 1829, avec la princesse Marie d'Isenburg-Budingen.

« Le comte Frédéric de Solms, l'un des plus jeunes membres de l'illustre famille de Solms, et dont la branche est la seule actuellement existante, qui a eu l'inappréciable bonheur de conserver la véritable foi, avait épousé en 1848, la fille de sir Thomas Wyse, chevalier du Bain, membre du conseil privé et ministre plénipotentiaire d'Angleterre en Grèce. Sa famille antique, illustre, et catholique, possessionnée aux environs de Waterford en Irlande, dès l'an 1172. Sa fille, Mme la comtesse de Solms, est une jeune personne citée depuis, à Paris, pour son esprit et ses rares talents de poète et d'artiste, ainsi que pour sa ressemblance frappante avec la princesse Pauline, cette plus belle et ravissante sœur de l'empereur Napoléon.

« L'enfant, auquel il a été donné les noms de *Alexis Napoléon Christian,* était tenu sur les fonds baptismaux par Mme la princesse Létizzia, mère de l'accouchée, radieuse de cette riche beauté particulière des Bonaparte, et par M. le comte Alexis de Pomereu, petit fils du marquis d'Alligre, ancien pair de France, autrefois attaché à la personne de la reine Hortense en qualité de chambellan, et l'illustre chef de cette grande et célébre famille parlementaire des d'Alligre, qui avec les Molé, les Séguier, les Lamoignon, les Avorrant, les d'Aguesseau et tant d'autres noms immortels de la vieille magistrature française, la première du monde, rivalisaient de science, de talent, et d'impérissables vertus héréditaires. »

« On a remarqué, pendant la cérémonie, le saint recueillement qui y a présidé, et l'émotion vraiment touchante de la marraine, n'était comparable qu'à celle du parrain, qui, tout fier et tout glorieux du pieux devoir qu'il accomplissait, semblait prendre le ciel à témoin des graves engagements prescrits par la sainte église, qu'il prenait de guider son filleul dans la droite et solide voie d'honneur où, pendant de longs siècles, a marché son illustre famille, type trop rare parmi nous, malheureusement, mais qui se conserve traditionnellement dans la haute noblesse européenne, nonobstant les persécutions les plus invétérées.»

A peine remise de ses laborieuses couches, nous voyons Mme de Solms courir les musées, les églises, les galeries, les bibliothèques; et fortifier par la contemplation des chefs-d'œuvres, des grands maîtres, son goût déjà si prononcé pour les arts et les sciences, ses idées s'agrandirent et prirent dès lors une face toute nouvelle; les grands intérêts de l'indépendance et du patriotisme s'éveillaient chez ce jeune cœur et effrayée de voir la France entre les mains de celui qui avait osé faire le 2 décembre, elle se prit à rougir de l'élévation de sa famille et ne trouva plus pour elle que du mépris, désireuse de réparer le passé elle entreprit à dater de ce jour la propagande la plus violente contre Louis Napoléon; sincère et vraie comme une femme d'esprit elle proclama hautement à qui voulait l'entendre que le gouvernement qui s'était imposé à sa belle patrie était indigne d'une aussi grande nation.

La belle Rome, asservie sous le joug des baïonnettes françaises, lui rappelait trop ses douleurs, elle dit adieu à sa famille et continua le cours de ses voyages. A Naples, à Florence, à Turin, partout où passe cette femme d'élite nous la voyons, accueillie, recherchée et fêtée, comme mérite de l'être la femme de cœur, d'esprit et de talent. Voici ce que disait alors à son sujet le *journal de Turin.*

« Sa Majesté le roi vient de recevoir à sa résidence de campagne une cousine du président, la comtesse Marie de Solms, née Bonaparte-Wyse, jeune femme dont la rare supériorité d'esprit a fait une des célébrités de notre époque. S. M. s'est entretenue, pendant environ deux heures, avec la comtesse, sur différents sujets de politique, d'histoire et de littérature; le roi a daigné entrer dans les détails intimes d'administration; ses vues admirables et sérieuses, ses projets d'amélioration et d'agrandissements ont surpris et étonné la jeune et illustre visiteuse, en même temps que la rare beauté de Mme de Solms, son étonnante instruction et sa profonde intelligence politique et morale, surprenaient S. M. le roi ébahi de trouver, dans une jeune femme de dix-neuf ans, les aptitudes d'un homme d'État et la conversation spirituelle, fine et mordante de la toujours regrettée Mme de Staël.

« Mme la comtesse de Solms est fille de l'ambassadeur d'Angleterre en Grèce, et petite-fille de Lucien Bonaparte, qui semble avoir légué à cette jeune femme son grand caractère et ses talents, car la comtesse de Solms, non contente de règner par le savoir et la beauté, cultive avec succès les arts d'agrément et est encore musicienne remarquable, peintre applaudi et poète distingué. »

Loin de rétablir sa santé, ce voyage qu'elle voulait toujours prolonger à dessein, ne fit que fatiguer Mme de Solms; les eaux d'Aix lui furent ordonnées, comme partout son arrivée fit sensation. Nous laisserons au *Neptune,* alors le journal de la localité le soin de rendre compte de son séjour.

Après avoir passé en revue dans un article, intitulé, *Aix et ses Reines,* les différentes dames qui, par leur éclat, leur grâce, leur talent et leur mérite ont successivement excité l'admiration et mérité les hommages il dit : «si nous nous sommes permis de désigner ces belles reines l'une après l'autre, c'est que nous avons dû suivre l'ordre de leur arrivée et de leur apparition dans nos salons. C'est ainsi que nous sommes arrivés à vous parler en dernier lieu de celle qui, tout en étant la dernière, n'en n'est pas moins, à nos yeux, la plus jeune, la plus belle et la plus gracieuse : à ces trois qualifications si bien méritées, vous avez reconnu assurément la belle comtesse de Solms, petite fille de Lucien Bonaparte, ancien président du conseil des cinq-cents, frère de l'empereur et cousine du prince-président de la République française. Par sa haute position de parente à toute cette phalange de rois et de princes, fondateurs du grand empire, et par son alliance à toutes les sommités princières de la vieille aristocratie d'Allemagne, comme aussi par sa ressemblance frappante avec la belle et ravissante princesse Pauline, sœur de l'empereur, Mme de Solms est appelée à briller et à éclipser partout où elle se montrera. Dans une âge jeune encore, cette illustre dame, bonne autant que belle, a déjà été citée, par son esprit et ses rares talents de poète et d'artiste, dans toutes les sociétés de Paris, Londres, Vienne, Rome où brillent tant de mérites et de talents. D'une stature moyenne, d'un visage angélique, ornée de deux yeux comme on n'en vit jamais, tel est en deux mots le portrait de la sémillante reine, attirée chez nous par la haute et juste renommée de notre ville, centre des plaisirs et de la fashion.

« Par sa double position de naissance et d'alliance, comme aussi par sa rare beauté et ses nobles qualités, Mme de Solms réunit autour d'elle une cour aussi nombreuse que bien choisie. Bonne reine, elle sait avoir pour chacun de ses courtisans une parole affectueuse, un sourire divin, un regard enchanteur, et tous se montrent sans cesse très empressés à l'honneur de mériter l'une de ces récompenses. Véritable souveraine, Mme de Solms a sa grande et sa petite cour; elle trône tantôt au Casino, où sont ce que nous pourrions appeller ses réceptions officielles, tantôt dans son propre salon, où se tient la petite cour, soit celle des intimes; en un mot, Mme de Solms semble née pour régner; partout où elle va, elle sait apporter la vie et la gaîté. Nous ne taririons pas si nous voulions répéter les mille compliments qui nous ont été dits sur les mille qualités qu'elle possède à la perfection. Mais comme nous aimons à croire que notre ville possédera pendant quelques temps encore cette charmante reine, nous nous réservons pour une autre fois le plaisir de vous raconter tout ce que nous savons de son rare esprit et de ses nombreux talents. »

Un peu remise de ses fatigues et de ses douleurs par l'incontestable efficacité des eaux d'Aix Mme de Solms rentra en France où elle était ardemment désirée par ses nombreux amis, affectés de sa trop longue absence.

RETOUR A PARIS

Oui toujours, terre chérie,
Tu seras sainte en mon cœur,
Car le cœur jamais n'oublie.

G. LEMOINE.

Si nous n'avions pas eu la sage précaution, de placer, en tête de notre opuscule, la reproduction des traits divins de Mme de Solms, ce serait peut-être le moment de décrire sa taille svelte, son port majestueux, son visage angélique et sa grâce enchanteresse ; mais comme notre intention n'est point de faire une étude physiologique, nous nous contenterons de renvoyer nos lecteurs au frontispice de notre livre, pour y admirer les traits de la femme qui passe avec raison pour l'une des plus belles de l'Europe ; après-ce, nous ajouterons qu'impatiemment attendue, Mme de Solms fût accueillie par tous ses nombreux amis avec une expansion de cœur et une manifestation de joie, plus faciles à deviner qu'à décrire :

A la même époque, voyageait dans le midi de la France un homme que par sa triste cé lbrité, nous connaissons tous, son escorte à lui, ne ressemblait en aucune façon à celle de sa belle cousine. L'une était précédée par l'immense renommée de ses talents ; l'esprit, la fraicheur, la grâce et la beauté étaient son unique escorte ; l'autre annoncé à son de cloche et de tambour à MM. les préfets, ses valets, pâle et décrépit était précédé par cette renommée sanguinaire qui fût toujours son seul apanage ; escorté de décembraillards, de mouchards, de gendarmes et de MM. les ministres ses complices, il étourdissait le monde pour s'étourdir lui-même, son arrivée effrayait autant que son départ réjouissait :

C'est au retour de ce voyage que, sous le prétexte de punir son peuple, il inaugura l'ère nouvelle du *Bas-Empire*. Quelle sera sa durée, c'est ce qu'il n'est pas difficile de prévoir.....

Mme de Solms, nouvelle de Staël, fuyait les tuileries, cet antre de tous les masques et de tous les vices, où se heurtent sans cesse, le parricide, le renégat, l'assassin, le transfuge, le faussaire et la prostituée ; comme tous les salons honnêtes et se respectant, celui de Mme de Solms réunissait l'élite de la société, hommes loyaux et sincères, femmes de cœur, sciences, arts, toute personne enfin évitant avec horreur ces orgies impériales, qui, pour varier, alternaient entre les Tuileries, Fontainebleau et St-Cloud, et où toujours l'on voyait briller au premier rang, l'énorme et cynique Mathilde et Eugénie, la ci-devant ingénue.

Flétrissant et méprisant cette vie peu digne, Mme de Solms tenait le sceptre de son salon ; ornée pour diadême de tous les charmes de la nature, elle trônait en souveraine au milieu de cette réunion, composée de tous les talents, toute la grâce et toute l'intelligence de Paris. Nous avons vu Mme de Solms fière de son diplôme, lui permettant de prendre le brevet d'institutrice, nous la retrouvons peintre de grand talent, son mérite en cet art est d'une telle supériorité que la moindre de ses miniatures s'enlève et ne se paie pas moins de 4 à 5000 francs, ses connaissances en musique la font justement renommer comme un des premiers amateurs, indépendamment de tous ces arts dans les quels elle excelle Mme de Solms, est encore littérateur très distingué ; si par la beauté, la jeunesse et la composition de son salon Mme de Solms doit être comparée à la belle Mme de Staël, il est juste de dire aussi que par l'esprit et le talent, elle est presque sans rivale; à ce sujet qu'il nous soit permis de dire que, peu de temps avant son expulsion, on lisait ce qui suit dans presque tous les journaux : « On annonce la publication de deux ouvrages moitié touristes, moitié fantaisistes, par Mme la princesse Marie de Solms, née Bonaparte-Wyse ; ouvrages destinés à un immense succès. Mme de Solms est cette *jeune femme* qui faisait, il y a un an, *par son esprit et sa grâce presque enfantine,* le charme des *réceptions présidentielles,* et qui un jour *partit brusquement de Paris,* où elle est *revenue* cette semaine. »

Cet article de l'*Indépendance* fut répété par plus de vingt journaux.

On lisait aussi dans le *Souvenir*, revue légitimiste, à la date du mois, d'octobre à l'article *Salons*, par M. Ruy de Sarlat. « On annonce la réouverture des salons aristocrati-
» ques et la prochaine apparition d'un ouvrage qui fera
» quelque sensation dans le public. Mme la comtesse de
» Solms, née Bonaparte-Wyse, livre à la publicité deux
» volumes de *Lettres sur l'Italie*. Mme de Solms a parcou-
» ru ce beau pays en grande dame, ayant un vrai cœur
» d'artiste, et ses volumes renferment, dit-on, des consi-
» dérations générales, artistiques et même politiques très-
» remarquables. Cet ouvrage, dédié à la famille des
» Bourbon, contient des portraits esquissés avec une
» grande vérité de détails. Malheureusement il faut nous
» taire ; notre collaborateur et ami, chargé de faire l'arti-
» cle bibliographique, pourrait bien se plaindre de notre
» usurpation sur ses domaines. Laissons paraître le livre,
» et s'il veut bien nous céder un moment sa plume vive
» et spirituelle, nous deviendrons alors capables de faire
» un compte rendu, s'il ne nous la cède pas, nous décli-
» nons d'avance notre incapacité.

Le bruit que faisait dans le monde, cette jeune femme qui brillait comme un astre, sans le secours officiel, fût un coup de foudre pour sa matérielle cousine, l'énorme Demidoff surnommée la Don-don, qui, bien qu'érigée en altesse du Bas-Empire enrageait dans ses quarante ans de voir surgir dans sa famille, une jeune personne qui les dépassant tous par le mérite, parvenait à se faire chérir et estimer de tous ses amis qu'elle étonnait, par ses prodigieux talents.

La fureur de cette impériale cousine ne faisait que s'accroître lorsque chaque matin elle lisait dans les organes de la presse des passages dans le genre du suivant.

« L'on se préoccupe beaucoup en ce moment de deux livres que va publier la spirituelle comtesse de Solms, de retour depuis quelques mois de ses voyages d'Italie. Les personnes qui ont été admises à la lecture de quelques fragments du voyage d'Italie, s'accordent à dire que cet ouvrage ne le cède en rien à aucun de ceux qui ont été publiés par les auteurs les plus célèbres, pour la profondeur des considérations politiques et morales, la netteté des vues, la beauté des descriptions, la justesse et la droiture de la narration, l'imprévu des situations, la verve intarissable, incisive et toujours pittoresque. La partie sur le Piémont est admirablement traitée; on voit que la princesse aimait ce beau pays, dont elle prophétise le rayonnement sur toute l'Italie. Rome est peinte à merveille avec ses pompes et ses cérémonies, mais l'on voit que Mme de Solms s'y déplaisait. Parfois cependant, au milieu des descriptions le plus saisissantes, l'auteur s'arrête tout à coup, et donnant cours à son esprit frondeur et railleur, vous fait le portrait sarcastique de quelques prétentions, de quelques femmes, de quelques ridicules. C'est ainsi qu'elle vous représente le banquier Torlonia d'une façon désolante pour le riche patricien. Il est impossible de ne pas mourir de rire, en écoutant la description de ses appartements, l'histoire de sa *principauté* et de son habit rouge; une autre personne qui se trouvait à Rome, en même temps que Mme de Solms, et dont la malveillance bien connue, lui avait inspiré le désir de lui donner une leçon :

la comtesse Jules d'Avoust (Melle de Sayves), est non moins bien traitée. Si ces voyages n'étaient pas si spirituels, ils seraient bien méchants! Les ridicules et les prétentions de cette pauvre dame, se trouvent pittoresquement retracés dans le chapitre : « Une vieille fille enfin mariée, histoire d'une inévitable; » c'est plein de moqueries, de finesse, sachant s'arrêter à temps, n'atteignant que les ridicules; ne touchant pas à la réputation. La maigreur, les prétentions nobiliaires, les déceptions, le caractère envieux de Mme J...d'A...sont tracés de main de maître. Il est fâcheux pourtant de penser qu'au moment où Mme de Solms disséquait ainsi Mme d'A..., celle-ci perdait une fille. Mme de Solms, ne le sut malheureusement qu'après; il y a des fatalités! Arrivée à Naples après, nous en sommes sur le terrain de la méchanceté, Mme de Solms est impayable lorsqu'elle raconte les vicissitudes d'une malheureuse Anglo-Portugaise, Mme Gould, femme d'un marchand de vin de Porto, et qui n'avait pas eu le bonheur de lui plaire. Mme de Solms a singulièrement attifé cette brave dame, avec une si grande vérité de détails, qu'il est impossible de ne pas la reconnaître, plus impossible encore, lorqu'on a lu ces pages mordantes, de ne pas être pris d'un fou rire, en la présence de Mme G... Il est temps de parler des poésies de Mme de Solms; il y en a de deux sortes : les poésies légères, et les poésies politiques; nous préférons les premières. Mme de Solms qui peint si bien l'amour dans ses élégies, et qui est, dit-on, une charmante femme de dix-neuf ans, n'est-elle pas trop jeune pour faire des hymnes à la liberté? Pour tout dire en un mot, ce que nous savons des œuvres de Mme de Solms, nous donne grande envie d'en connaître le reste. C'est une étoile de plus à notre pléiade littéraire ; la jeune et ravissante muse est définitivement placée entre Mme Sand, Lamennais et Mme Louise Collet, etc., etc., etc.

« Gustave de Villemonté. »

Vous voyez par cet article, que nous avons transcrit malgré sa longueur, combien les œuvres de Mme de Solms étaient jugées favorablement, même avant leur apparition ; c'est précisément cette célébrité qui s'en allait grandissant chaque jour, qui allait lui faire une place indépendante parmi les écrivains, accroître son influence politique sur les hommes et sur les événements, lui donner, enfin, un rang qu'on ne pourrait plus lui ôter, dans l'histoire des femmes illustres, augmenter le nombre des gens d'élite qui commençaient à se grouper autour d'elle, ce sont toutes ces choses réunies qui ont tant effrayé les adversaires de Mme de Solms ; femme, elle n'était que nuisible, auteur et auteur admiré elle devenait dangereuse.

Ce qui précède n'avait trait qu'à ses talents : mais ce qui suit était le compte rendu de ses soirées, et pourra peut-être donner une idée de ses brillantes réceptions, et du choix de ses invités.

Extrait de *l'Union*, du lundi 7 février.

« Jeudi dernier a eu lieu, chez Mme la princesse Marie de Solms, née Bonaparte-Wyse une brillante soirée littéraire et musicale, à laquelle on remarquait des personnes de distinction appartenant à différentes classes de la société, et notamment le duc de Brunswick, le marquis de Boissy, le général comte Schram, le prince Gallitzin, le comte d'Hidnisdal, le comte de Castellane, M. et Mme Ancelot, la baronne Brillat de Savarin, Mme Ségalas, M. Alex. Dumas, M. Biard, M. Amédée Achard, etc., etc. Cette soirée a inauguré les salons de la jeune princesse, dont on connaît les talents de poète, de musicienne et de peintre. »

Extrait du *Courrier des Théâtres*, du 12 février.

. . . .

« Jeudi dernier, Mme la princesse Marie de Solms inaugurait ses appartements de la rue Caumartin, dans une brillante soirée musicale et littéraire, où l'élite des arts, de la noblesse et du monde politique s'était donné rendez-vous. La jeune princesse a bravement donné l'exemple elle-même, en récitant une pièce de vers de sa composition qui a recueilli tous les suffrages. Mme Anaïs Ségalas a ensuite dit avec son goût exquis, une suave poésie intitulée: *Grisette;* Achille Jubinal « s'est exécuté... » comme toujours, de fort bonne grâce, en récitant une petite pièce, *Brune et Blonde.* »

Extrait du *Courrier de la Corrèze*, et de la *Revue des Salons*.

« Mme la princesse Marie de Solms, vient d'inaugurer ses salons d'une façon brillante; ses soirées sont destinées à grouper autour de la jeune et brillante princesse, l'élite du monde élégant et pensant. Il y avait à cette fête de délicieuses femmes, entre toutes lesquelles se distinguaient la jolie Mlle De L..., la jeune et charmante comtesse d'Arnheim, la brune Lady Hamilton, la spirituelle Mme Ancelot, et le général Schram, S. A. R. le duc de Brunswick, Biard, Dumas, le marquis de Boissy, Ferd. de Lasteyrie, le comte de Bryas, député, le marquis de Pina, etc., etc. Nous n'en citerons pas et des meilleurs! La jeune princesse a ouvert la soirée en disant, avec son âme, une pièce d'elle, sur la Pologne, littéralement couverte d'applaudissements. Un peu plus tard, elle déclama d'un air d'inspirée ses magnifiques strophes sur la mort de Gioberti. A ce moment, nous avons vu un noble Napolitain, le marquis de Cimino, s'avancer près de la jeune et belle Marie, les yeux pleins de larmes, se frayant un passage à travers la foule, lui dire : « Madame, je vous remercie de dire » tout haut ce que nous pensons tout bas. Ce courage appartient à une femme comme vous. Je vous remercie au » nom de tous les Italiens présents à Paris. » Et lui serrant fortement la main, le marquis de Cimino dut quitter le salon tant son émotion était grande.

» Une pièce de Mme de Segalas, gracieuse et légère a fait diversion, puis Philoxène Boyer, puis Mlle Kennedy, la célèbre harpiste, puis le Tyrolien Schneider, puis enfin Mme de Solms encore, et au piano ; je n'en finirais jamais si je vous disais tout ce qu'on a dépensé d'esprit à cette soirée, qui fera époque. »

Nous ne taririons pas si nous voulions vous redire tout ce que le vrai mérite de Mme de Solms a su inspirer à la presse, toute dépendante de la France, la jalousie et peut être la haine de l'impériale Demidoff, eût un auxilliaire, dans la belle sœur du duc d'Albe ; cette fille attirée à Paris pour balancer l'influence de miss Howart, avait vu avec peine l'immense renommée de cette jeune femme si belle et si indépendante ; par une singulière coïncidence, la loge d'Eugénie à l'opéra était précisément à côté de celle de notre belle héroïne, le public qui connaissait déjà l'amour de *Badinguet*, et croyait au moins à un peu de goût sinon de choix confondit les deux femmes et prit l'une pour l'autre, la confusion était d'autant plus excusable que la loge de Mme Solms, était toujours le rendez-vous des célébrités, tandis qu'on ne voyait dans l'autre que figurer des Hidalgos et des personnages aussi ridicules dans leur manière que par l'excentricité de leur tournure.

C'est de cette méprise qu'est née en partie la haine dont nous allons voir les conséquences dans le chapitre suivant.

L'EXPULSION

Pourra-t-on le souffrir ? faudra-t-il qu'on se taise,
Quand un barbare dit, qu'elle n'est pas française.

Nous avons vu comment Mme de Solms est la petite fille de Lucien Bonaparte, comment elle a conservé l'indépendance de caractère, et les opinions libérales de son grand père : nous l'avons vu contribuer par sa présence à donner aux premières réceptions de l'Elysée un charme que n'auront jamais celles des Tuileries, pour plusieurs raisons que nous croyons avoir expliqué ; enfin.

Lorsque Rome remplaça Sparte,
Que Napoléon III, perça sous Louis Bonaparte

Et que du président, déjà en vingt endroits,
Le front de l'empereur brisa le masque étroit.

Mme la princesse de Solms en digne petite fille de Lucien fit des observations; puis, comme elle flairait les projets ambitieux, elle rompit avec son cousin. Depuis ce temps son salon ouvert à tous les hommes distingués, quelle que fût leur opinion, se trouva transformé tout naturellement en un salon d'opposition, par la raison toute simple qu'il est impossible de trouver soit à Paris, soit partout ailleurs, un seul homme ayant quelque valeur qui soit Bonapartiste.

Les sommités du parti légitimiste, du parti orléaniste, du grand parti républicain, les artistes de talent, les poètes qui ne figurent pas dans le receuil de M. J. Lesguillon les hommes du parti de l'esprit contre la force brutale, se donnaient rendez-vous chez Mme de Solms. C'était aux gens de ce gouvernement tyrannique et trembleur un crime irrémissible, auquel Mme de Solms avait joint celui d'éclipser par ses charmes et ses talents l'altesse Mathilde et l'andalouse Eugénie; M. Maupas, duc de la police, commença par défendre à Mme de Solms de donner des soirées, elle reçut le grand-maître des mouchards, comme il le méritait, c'est-à-dire fort mal, elle ne tint aucun compte de la défense et continua à ouvrir, à ses nombreux amis, sa porte hospitalière, c'était le salon de Mme Récamier et de Mme de Staël ressuscité par Mme de Solms.

Tout cela déplût fort en haut lieu; nouvel ordre du château fut intimé par S. M. impériale à l'ancienne protectrice du président. Mme de Solms répondit : vous ferez fermer mon salon vous même par vos amis les gendarmes; Sinon, non! les hommes de décembre ne s'arrêtent pas en si bon chemin ; à chaque soirée que donnait Mme de Solms, un agent de police venait lui interdire l'ouverture de ses salons ; la guerre était commencée ; la résistance d'une jeune et jolie femme irrita un pouvoir conseillé par les Mathilde et les Eugénie ; et ceux qui n'avaient pas reculé devant la maison Sallandrouze et la foule sans armes, ceux qui avaient massacré les vaillants défenseurs du droit, ceux qui avaient expulsé, déporté, emprisonné plus de cent-cinquante mille personnes pour ruiner à leur aise le pays qu'ils humilient, ont fait signifier par M. Maupas, l'ordre à Mme de Solms de quitter le territoire français. On prit pour prétexte sa qualité d'étrangère, et c'est M. Louis-Napoléon Bonaparte son cousin qui invoqua un semblable prétexte !....

Mme de Solms ne se tient pas pour battue. Elle prétend que son mari absent est Français. Elle obtient de comparaître à court délai pour demander de le prouver. M. Berryer est son ami, il sera son avocat. L'ordre d'expulsion lui laisse cinq jours et cinq jours bien employés peuvent suffire.

Le procès est plaidé, mais un jugement l'oblige à mettre son mari en cause.

Sa réclamation n'en restera pas là, et pour y couper court, M. Maupas fait exécuter, le 23 l'ordre d'expulsion donné le 19. En vain l'avocat et l'avoué de la princesse sont présents et protestent. En vain veut-elle s'autoriser d'un certificat du médecin de l'hôpital des enfants, M. Blache, qui déclare son enfant au berceau en danger de mort. M. Wyse, qui voulait protéger sa sœur, et, étant Anglais, avait requis la protection de l'ambassade, en est quitte pour de vaines protestations. Les agents sont quatre, ils conduisent de force la cousine de l'empereur à la frontière de Belgique.

Voilà l'aimable régime sous lequel vit la France. L'esprit des femmes même est proscrit. Courbe-toi, fier Sicambre ou crains l'exil! — Pauvre France!

Il reste à vous faire remarquer dans le procès pour la question préjudicielle une parole du ministère public.

M. MOIGNON. Mme de Solms ne peut avoir autre chose que son acte de mariage; le jugement n'y ajouterait rien.

Me BERRYER. C'est méconnu.

M. MOIGNON. *On méconnaîtra le jugement si on méconnaît l'acte.*

Me BERRYER. *Nous n'admettons pas que le ministre méconnaisse l'autorité d'un jugement émané du tribunal.*

Tel est le respect des magistrats du 2 décembre pour la chose jugée. M. Moignon préjugeait bien de M. Maupas.

On ne sait en vérité comment expliquer une si barbare conduite envers une jeune femme. L'explication nous allons vous la donner.

Il y a environ deux ans, Mme de Solms était allée prendre les bains de mer à Boulogne.

Il se trouvait alors dans cette ville un petit sous-préfet, assez mince personnage, mal vu de la haute société qui le savait fils d'un petit marchand, mal vu de la bourgeoisie et de la population qui le connaissait pour une âme damnée de M. Carlier. Ce sous-préfet avait une femme assez commune de langage et de manières. A l'arrivée à Boulogne de la princesse de Solms, cousine du Président de la

République, M. le sous préfet et Mme la sous préfette se hâtèrent d'aller lui présenter leurs très-humbles hommages. Mme de Solms les aurait peut-être accueillis lorsqu'elle reçut de Paris une lettre dans laquelle on l'engageait à ne pas voir M. Maupas, c'est le nom du sous préfet en question. On lui apprenait en même temps que Mlle de Vitry, belle-sœur de Mme de Solms et fille du marquis de Vitry, était la très-proche parente des véritables *de Maupas* auxquels le Maupas en question ne tenait ni de près ni de loin, et qu'il n'était sortes d'avanies que les de Maupas ne fissent au Maupas pour protester contre une usurpation et une similitude de noms.

M. Maupas ne pardonna pas à Mme de Solms de n'avoir pas répondu à ses avances. Alors il était tout-puissant, et le ministre de la police n'a pas oublié les injures du sous-préfet. Chacun se venge à sa manière dans un gouvernement de corses.

C'est pendant que son procès se jugeait que Mme de Solms a été arrachée de son lit, où malade et épuisée de douleurs elle avait été contrainte de se mettre; un commissaire s'avança vers elle et la somma d'obéir immédiatement à l'ordre qu'il vient de lui signifier. — Elle s'y refuse, il l'a supplie de ne point le contraindre à en venir à des moyens de rigueur.

« Vos ordres, lui demande-t-elle, vont-ils donc jusqu'à me faire enlever de force de mon lit, si je résiste à vos injonctions? »

« Oui, madame, répondit le commissaire, mes ordres m'obligeraient à réclamer le concours des agents qui sont à la porte de votre chambre, si vous vous obstiniez davantage, je ne pourrais reculer devant cette triste extrémité. »

Mme de Solms avait déjà aperçu, en effet, la figure de plusieurs de ces agents prêts à prêter main-forte. Dès lors, et en présence de la déclaration formelle du commissaire, la violence matérielle était constatée surabondamment. L'idée d'une lutte qui eût changé de caractère en se prolongeant davantage, n'était pas admissible dans la position de Mme de Solms. Sa résistance dut s'arrêter à la limite tracée par sa pudeur de femme et par la dignité de son caractère.

Les créatures les plus frêles et les plus impressionnables, qu'une contrariété accable, qu'un accès de fièvre suffit à énerver, trouvent dans ces circonstances, une énergie et une noblesse dont peu d'hommes seraient capables.

Mme de Solms en donna, ce jour là, un nouvel exemple.

Obligée de céder à la force, et après avoir accompli jusqu'au bout tous les devoirs de la résistance, sa volonté et la fermeté de son caractère surent triompher , tout à la fois, de l'émotion la plus justifiée et d'une souffrance physique trop réelle. Le commissaire de police s'étant retiré dans son salon, elle reparut au bout d'un instant, le visage calme et serein, donnant les derniers ordres pour son départ, et adressant des paroles d'adieu pleines de noblesse et d'affection au petit nombre d'amis qui avaient pu pénétrer jusqu'à elle à travers l'escouade des estafiers de M. Maupas.

Un seul moment son énergie parut près de fléchir ; ce fut lorsqu'il fallut donner le baiser d'adieu au pauvre enfant trop malade pour la suivre et dont on l'arrachait impitoyablement.

Il était alors environ quatre heures.

Madame de Solms croyait aller droit au chemin de fer. Il n'en était pas ainsi. Le train où l'on avait marqué sa place ne devait partir qu'à huit heures. Mais on était si pressé de l'enlever de chez elle qu'elle fut conduite immédiatement au bureau du commissaire de police pour y rester en dépôt jusqu'à l'heure du départ.

Nous nous trompons; elle partit un peu avant. Comme il n'y avait pas ordre de la faire mourir de faim, on la conduisit, vers les sept heures, et toujours accompagnée d'agents de police, dans un petit cabaret qui fait face au chemin de fer. Les agents y firent aussi bonne chère que le comportaient les ressources de l'établissement. Quant à Mme de Solms, on pense bien que le lieu et l'étrange société dont elle se voyait entourée, eussent suffi pour lui enlever l'appétit, si son état de souffrance et les scènes de la journée lui en avaient laissé la moindre trace.

Enfin l'heure du départ avait sonné. Une voiture, retenue par les soins de l'administration, reçoit la jeune proscrite, son frère et l'officier de paix qu'on lui avait obligeamment donné pour compagnon de route. C'était un petit juif allemand fort proprement vêtu, à qui on avait fait revêtir l'habit noir et la cravate blanche pour cette circonstance, un homme célèbre d'ailleurs, comme le disait plaisamment Mme de Solms elle-même en le présentant aux amis qui étaient venus là pour lui serrer une dernière fois la main; car ce petit monsieur était le même qui avait accompagné M. Thiers et le général Changarnier dans un voyage de semblable nature. Mais n'allez pas croire que cet officier de paix fût un officier sans soldats. En avant delui et dans un autre wagon, trois agents de police se trouvaient prêts à lui venir en aide, si les prisonniers tentaient de s'insurger avant d'atteindre la frontière belge.

Nous avons dit que Mme de Solms se trouvait réunie dans la même voiture avec son frère. C'était là seulement qu'il avait pu la rejoindre; car, avec lui, les procédés avaient été encore plus expéditifs. Pendant que le chirurgien *commissionné* par M. le préfet de police était introduit dans la chambre de Mme de Solms, pendant que le commissaire parlementait avec elle, les autres agents allaient plus rondement en besogne, et emmenaient M. Bonaparte-Wyse, malgré les vives protestations qu'il opposait à leurs violences.

Il est vrai qu'à leurs yeux M. Wyse s'était rendu coupable d'un bien grand crime. Il n'avait pas craint de déchirer avec mépris l'arrêté de M. le ministre de la police, que, dans l'expression calme et railleuse de son dédain, il s'était même permis, assure-t-on, d'appeler un *fonctionnaire de chrysocale*.

C'est après ce brillant exploit que l'on vit paraître dans la *Patrie* cette note, sans signature, émanée sans doute de l'officine de la rue de Jérusalem.

« Un arrêté de M. le ministre de la police générale a » ordonné l'expulsion du territoire français, de Mme de » Solms, se disant comtesse de Solms, et de M. Wyse, » tous deux étrangers. Ces deux personnes prenaient, » *sans y avoir aucun droit*, le nom de Bonaparte, et loin » de respecter le *nom illustre* qu'ils usurpaient, s'en servaient, au contraire, pour se livrer à des désordres » scandaleux et pour abuser plus facilement de la crédu-

» lité de ceux qui les approchaient. Mme de Solms, pour
» s'opposer à cette mesure, a excipé de sa qualité de Fran-
» çaise, devant le tribunal de la Seine qui l'a déclarée
» non recevable. L'arrêté de M. le ministre de la police
» générale a été mis à exécution, et Mme de Solms et M.
» Wyse ont quitté la France. »

C'est donc à Bruxelles que nous allons retrouver désormais les nobles victimes de ce peu digne empire.

BRUXELLES

> Quand son pays est sous le joug d'un bandit ;
> Le plus beau titre est celui de proscrit !....
>
> ***

Madame la princesse Marie de Solms a été reçue dans la capitale de la Belgique avec toute la considération dont on se plait à environner une femme de mérite et une personne qui a le courage de fronder un homme dont toute la logique peut se résumer par ces mots, scélératesse et perfidie.

En lutte aux attaques incessantes des feuilles vendues au pouvoir nous la voyons se battre corps à corps, lutter pied à pied, contre les calomnies dont l'abreuvait le valet de son ancien protégé, nous nous bornerons à faire connaître ses nombreuses correspondances.

La lettre suivante a été insérée dans tous les *Journaux de la Belgique* :

Bruxelles, le 25 *février.*

Monsieur le rédacteur,

La lettre de votre correspondant insérée dans votre numéro d'hier, contient à l'adresse de Mme de Solms une phrase malveillante. Vous serez le premier à regretter, j'en suis sûr, d'avoir laissé passer cette attaque contre une jeune femme de vingt ans, violemment expulsée de sa patrie, et séparée de son enfant de treize mois, en danger de mort.

Veuillez accueillir ma protestation contre cette insinuation. Partageant le sort de Mme de Solms, ma sœur, je suis décidé à ne permettre aucune calomnie contre elle, ni contre moi.

Agréez, monsieur, l'assurance de ma considération très-distinguée.

NAPOLÉON BONAPARTE-WYSE.

La suivante a été publieé par le journal l'*Émancipation* :

Bruxelles, 27 *février* 1853.

« M. le Rédacteur,

« Je lis à linstant, dans l'*Émancipation* de ce jour, la reproduction de l'artiele calomnieux inséré dans la *Patric* du 27 courant, concernant ma sœur, Mme la princesse Marie de Solms et moi. Je vous crois trop loyal pour n'être pas convaincu que vous donnerez place dans vos colonnes à la rectification que j'ai envoyée, hier, au rédacteur de la *Patrie*, auquel j'annonçai que je lui intenterais un procès en diffamation dans le plus bref délai, s'il ne rectifiait pas la note odieuse et mensongère qu'il s'était permis d'insérer. Ma sœur et moi nous portons le nom de Bonaparte, parce qu'il nous appartient, qu'il se trouve dans nos actes civils et qu'il a été reconnu par ma famille, à commencer par l'Empereur actuel dans les lettres où il me remerciait des services que je lui avais rendu au moment de son élection, en m'appelant « son cher cousin. » Je suis prêt à justifier le tout par mes actes d'état-civil, contrats, lettres de famille, etc. etc. Quand aux « désordres scandaleux » dont parle la *Patrie,* il est vraiment infâme de calomnier ainsi une femme de 20 ans, dont tous les instants sont marqués par une bonne action. Recevant beaucoup chez elle, et tout ce que Paris avait d'illustre et de distingué dans la politique et les arts, les femmes les plus remarquables étaient heureuses de s'y rencontrer entre cent autres. LL. AA. RR. le prince et la princesse de Capoue, heureux de lui amener leur fille de quinze ans, etc., etc. Refusant toute espèce d'invitation. Mme de Solms, loin de se prodiguer, ne s'est jamais fait remarquer que par des actions généreuses. Grande cantatrice, artiste éminente, elle ne se servait de ses admirables talents que pour être utile aux malheureux. D'une naissance illustre, ma sœur, et je suis fier de le dire, a cru devoir passer ses examens et prendre ses trois diplômes tout comme une fille du peuple, n'ayant de vanité que pour ce qu'on acquiert par soi-même, et non pour ce que la nature donne. Mariée à 15 ans, le 12 décembre 1848, au comte de Solms, dont je vous envoie la généalogie afin de vous renseigner un peu mieux, et vous-même, monsieur, et la *Patrie,* elle n'a cessé d'être bénie par les exilés de tous les partis, avec lesquels elle partage ce qu'elle posséde. C'est sous les auspices de son oncle, le prince Lucien Bonaparte, qui voulût adopter M. de Solms, son mari, qu'elle fit sa première entrée dans le monde. Enfin, pour en finir, ma sœur et moi, nous avons quitté la France, au *mépris du droit des gens,* malgré l'opposition de l'ambassade d'Angleterre, protestations déposées ainsi que j'en ai la preuve, entre les mains de M. Drouin de Lhuys. Je vous ai donné ces explications, bien convaincu, monsieur, que vous regretterez le premier d'avoir aidé à propager une calomnie, bien odieuse, quand on songe que Mme de Solms vient de quitter un enfant gravement malade, qu'elle adore.

« Recevez, M. le rédacteur, l'assurance de ma considération très-distinguée.

« NAPOLÉON BONAPARTE-WYSÉ. »

Un correspondant de la *Nation* lui avait écrit de Paris que Mme de Solms avait tenu des propos injurieux contre Mlle Eugénie de Montijo (l'impératrice), et qu'il y a deux mois, elle manifestait l'intention de débuter à l'Hippodrome comme émule de l'aéronaute Godard.

Voici la lettre que Mme de Solms a adressée à la *Nation*, à ce sujet :

« Monsieur le Rédacteur,

« Je viens de lire deux fois, ne pouvant le comprendre, l'article de votre correspondant qui me concerne. Comment a-t-il pu recueillir un conte d'une aussi rare invraisemblance? Car, il suffit de connaître un peu Paris et la société, pour repousser des inventions pareilles. En premier lieu, mon mépris pour le gouvernement de mon cousin, mon peu de sympathie pour lui-même, venait d'un ordre d'idées trop élevées, pour me faire commettre l'acte vulgaire de mêler à ces débats, ou d'attaquer une inoffensive jeune femme dont je ne m'occupais pas, mon salon et les hommes que je recevais étant beaucoup trop sérieux pour s'inquiéter de Mlle Montijo.

« J'ai toujours pensé, d'ailleurs et mes amis avaient trop bon goût pour ne pas s'en souvenir chez nous, qu'il n'y avait jamais que de la lâcheté à s'acharner après une femme de la part des hommes, et sottise et mauvaise entente de leurs intérêts, de la part des femmes qui ne prouvent ainsi qu'une ridicule envie et une basse jalousie; en un mot, mettant de côté toute question d'individu, avant d'être madame de Solms, je suis artiste et bien souvent, quoique je n'éprouvasse nullement le désir de la connaître, la charmante figure de Mlle de Montijo se retrouva sous mes pinceaux; c'est à peu près là seule façon dont je me sois jamais préoccupée d'elle!

« Quant à l'infâme calomnie d'un prétendu début à l'Hippodrome, ces choses-là n'ont vraiment pas besoin d'être relevées, et si j'avais eu une exhibition quelconque à faire au public, mes autres talents étaient beaucoup trop connus, pour que j'aille commettre la maladresse d'en choisir précisément parmi ceux que je ne possédais pas (je l'avoue humblement,) je monte a cheval fort mal et ne sais pas diriger une nacelle!!!

« En un mot, je ne me suis jamais produite, bien convaincue que l'obscurité est le seul lot enviable des femmes et, heureuse dans mon intérieur, entre mon enfant et l'étude, la musique et la poésie, je n'ambitionnais qu'une chose, conserver mes nombreux amis, le sceptre d'un salon distingué et vivre oubliée d'une famille que je n'aimai pas, à force de la mésestimer!

« Les honneurs d'une triste célébrité sont venus me chercher, malgré moi; je trouve, et peut-être penserez-vous comme moi, M. le rédacteur, qu'il y a bien assez d'histoires sur mon compte, et qu'il est au moins inutile d'y ajouter des épisodes plus ou moins intéressants.

« Je connais votre haute intelligence, M. le rédacteur; je sais combien vous êtes incapable de prendre la responsabilité d'une invention hostile à laquelle personne n'a pu croire, pas même ses auteurs. C'est pourquoi je vous prie de vouloir bién publier cette note et recevoir l'expression de mes sentiments distingués.

« PRINCESSE MARIE DE SOLMS,
« née BONAPARTE-WYSE. »

Celle-qui suit adressée à la *patrie* a été refusée par la feuille calomniatrice, et a été accueillie par tous les journaux étrangers.

« Bruxelles 28 février.

« C'est aujourd'hui seulement que j'ai connaissance de l'article très-injurieux pour mon frère et pour moi, publié par vous dans votre numéro du 26 courant, à l'occasion de la décision ministérielle qui m'expulse du territoire français; j'ai peu de mots à y répondre.

« Je n'ai jamais rien usurpé. Une des conditions du mariage de la fille de Lucien a été que les enfants prendraient le nom de leur père et de leur mère; dans tous mes actes de l'état civil faits en France, je suis appelée *Marie-Studholmina-Létizzia Bonaparte-Wyse,* née le 25 avril 1833, etc., etc., etc. Ainsi d'après la loi non-seulement je puis, mais je *dois* signer ainsi. Deux des témoins de mon mariage étaient M. de Bassano et le général de Montholon (l'exécuteur testamentaire de Napoléon *le Grand* ;) fiez-vous à eux, Monsieur, ils n'auraient jamais consacré par leur présence et leur signature l'usurpation du nom de Bonaparte. Rois, princes du sang, ministres, tous ceux qui m'ont écrit jusqu'à ce jour m'ont toujours donné les noms et le titre auxquels j'ai droit. M. Maupas lui-même s'adressant comme ministre de la police, à mon frère lui écrit sous les noms de M. Napoléon Bonaparte-Wyse.

« La généalogie de M. de Solms, les bonnes relations entretenues avec plusieurs de ses parents résidant en Allemagne prouvent qu'il descend d'un famille jadis souveraine.

« Si on m'appelle la princesse Marie de Solms, c'est qu'on se souvient que, par les traités, l'Europe a reconnu le titre de prince aux enfants et petits enfants de Lucien Bonaparte. Tous les membres de la famille civile de l'empereur portent ce titre, Mme Chassiron, Mme Camerata, etc. ; je ne parle pas de Mme Anatole Demidoff, qui paraît avoir entièrement quitté le nom de son mari, et qui fait partie d'ailleurs de la famille dite impériale.

« Vous exposez la procédure qui a eu lieu devant le tribunal d'une manière dont je ne me plaindrai pas, mais qui laisse croire à vos lecteurs que la justice aurait décidé que je ne suis pas Française ; en consultant le compte-rendu des autres journaux, vous reconnaîtrez, Monsieur, qu'il n'a été statué que sur la forme d'une citation donnée à mon mari, et qu'au fond mes droits restent dans leur entier. Vous ne pouvez vous attendre, Monsieur, à ce que je réponde à la partie de votre article qui semble devoir porter atteinte à mon caractère. Il serait indigne de moi, de mon nom, d'entrer dans le moindre détail à ce sujet; une seule explication doit trouver place ici; elle est relative à ma solvabilité. Expulsée de France dans les vingt-quatre heures, sans avoir eu le temps de donner une procuration, mes affaires n'ont pu être réglées avant mon départ, mais j'ai laissé des valeurs plus que suffisantes pour satisfaire à toute réclamation, et mes mesures sont déjà prises pour qu'il y soit fait droit dans le plus bref délai.

« Je vous prie, et au besoin, vous requiers d'insérer cette lettre.

« Princesse MARIE DE SOLMS,
« née BONAPARTE-WYSE. »

Au sujet de la lettre qui précede, on lisait dans la *Nation* du 8 mars.

— Rien n'arrive en France, qui ne donne un témoignage précieux de la loyauté de tout ce qui se rattache au régime de décembre. On lit dans l'*Observateur :*

» Comme vous l'avez vu dans la *Gazette des tribunaux*, l'affaire de Mme de Solms est terminée. M. Berryer n'a pas même pu plaider. Après la lecture de la lettre de M. de Solms, on ne lui a plus permis que de faire des observations écrites. Jamais, dans aucun temps, on n'a laissé aussi peu de liberté à la défense. Lorsque Fouquet, accusé d'avoir dilapidé les revenus de l'Etat fut jugé, sous Louis XIV, son ennemi personnel, Pellisson pût le défendre; les amis de Fouquet purent lui témoigner leur sympathie, et Lafontaine lui adresser des vers. Aujourd'hui on n'a même plus cette liberté. M. Berryer disait en sortant de l'audience : Voilà la première fois qu'on refuse de m'entendre.

« Mme de Solms n'est pas plus heureuse auprès des journaux. La *Patrie* l'a insultée de la manière la plus violente ; Mme de Solms a écrit une lettre à la *Patrie* en réponse à cette attaque. La *Patrie* refuse l'insertion. On veut sommer par huissier la *Patrie* d'insérer la lettre, et, dans tout Paris on ne trouve pas un huissier qui veuille se charger de présenter l'exploit. M. Bénazet, avoué de Mme de Solms, a couru toutes les études ; dans aucune, on n'a trouvé aucun huissier qui eût assez de courage pour affronter la colère de M. Maupas. Il n'y a qu'un moyen de faire signifier l'exploit, c'est d'acheter une étude.»

Une nouvelle infamie que par respect pour Mme de Solms nous nous abstiendrons de qualifier.

« Paris 3 mars 1853.

» Au moment où je vais quitter la France, j'apprends que Mme de Solms, mon épouse, a introduit, sans mon autorisation, une instance à l'effet de revendiquer la qualité de Française qui ne lui appartient point.

» J'ai l'honneur de vous prévenir que je m'oppose expressément à la demande de ma femme. Comme fils et petit-fils d'étranger et étranger moi-même, je déclare que mon intention est de ne faire aucune démarche pour acquérir cette nationalité.

» La demande de Mme de Solms ne saurait avoir aucun résultat utile, puisque, dans aucun cas, elle ne serait fondée à réclamer une nationalité autre que la mienne. »

On lisait dans l'*Etoile belge*, du 6 mars.

» J'ai suivi avec curiosité le procès de Mme de Solms, et me suis rendu à l'audience à votre intention. J'en ai été bien récompensé. Cette affaire offre vraiment des particularités remarquables.

» Je commence par vous dire que Mme de Solms a perdu son procès. Pouvait-elle le gagner? Elle avait contre elle tout le monde, y compris son mari.

» A l'ouverture de l'audience, le ministère public a examiné assez longuement si dans un cas, la demande pouvait avoir une solution légale; il a démontré que l'on avait à tort assigné le ministre de la police, qui ne pourrait être justiciable du tribunal en pareille matière, mais du conseil d'Etat. Tout ce préambule n'était fait que pour peloter en attendant partie.

» M. Lafaulotte a ensuite démontré que, par elle-même, Mme de Solms n'est pas Française, étant née d'un père anglais. Est-elle Française par son mari? Ici était l'argument décisif du ministère public. Il a annoncé que la police, qui n'avait pas d'abord découvert M. de Solms, l'ayant mieux cherché, l'avait trouvé enfin. Voyez-vous d'ici la vraisemblance? La police ne savait pas où était M. de Solms? Et quand toute l'Europe, on peut le dire, sait depuis plusieurs jours l'expulsion de sa femme et le procès qui a suivi, lui seul ne s'en doutait pas! car il ne s'en doutait pas, le ministère public l'a très-bien prouvé en produisant: 1° un arrêté d'expulsion notifié au dit de Solms en date d'hier; 2° une lettre qui a été lue à l'audience, où il déclare qu'il est étranger, qu'il ne veut pas devenir Français, et qu'il n'a pas autorisé sa femme à faire procès.

» Voici le plus curieux: Me Berryer était là, prêt à prouver que M. de Solms est Français, à établir qu'il a été soumis à la loi de recrutement en France, qu'il y a exercé le droit d'élection. Il se lève pour parler. Le président lui coupe la parole et lui permet seulement d'examiner les pièces et d'adresser une note au tribunal avant la fin de l'audience. La cause a donc été jugée sur pièces. Mme de Solms a perdu son procès. M. de *Belleyme* présidait.

P. S. M. de Solms est l'associé du frère de M. le duc de Bassano, grand chambellan de l'Empereur, dans l'exploitation des mines importantes en Algérie. Peut-on présumer qu'il ait été dix jours introuvable?.....

Aux preuves précédentes nous ajouterons les deux articles suivants.

Nation du 15 mars:

On s'attend à un nouveau scandale dans l'affaire de Solms. Pourtant le chef du pouvoir a déclaré que, quoi qu'il arrivât, sa cousine ne rentrerait jamais. Mme de Solms a, disent les courtisans, touché à la reine!

Procès de Mme de Solms; plaidoyer de Me Berryer, inséré dans la *Gazette des Tribunaux, le Siècle, le Droit, l'Etoile Belge* des 18 et 20 mars.

» Le procès fait à Mme de Solms par ses créanciers, est assez curieux, surtout par le plaidoyer de M. Berryer, pour que nous le reproduisions.

Me Rivolet, avocat de MM. Cerf et Michel, commence par exposer l'objet de la demande.

Me Berryer. Mme de Solms se trouve dans ce moment-ci, exposée à être considérée non-seulement comme une étrangère, mais encore comme une aventurière.

Il ne s'agit pas de rester sous l'influence d'actes administratifs que vous connaissez; il ne s'agit pas davantage d'apprécier les raisons politiques qui ont déterminé ces actes; il faut envisager Mme de Solms en dehors de ces questions. Mme de Solms n'est pas une aventurière: elle est très-légitimement issue et née du mariage de Mlle Bonaparte avec M. Wyse; elle est la petite-fille de Lucien Bonaparte; sa mère par son contrat de mariage, a conservé le nom de Bonaparte.

Mlle Wyse est venue en France. En 1848, le jour même où le membre le plus important de sa famille, Napoléon-Louis Bonaparte, était appelé à la présidence de la république, Mlle Wyse, voulant devenir Française, a épousé un Français. Elle a cherché à s'allier à un homme qui fût dans une position un peu considérable et dont le nom répondît, dans une certaine mesure au moins, à l'éclat du nom qu'elle portait elle-même.

M. de Solms est né en France. Il jouissait depuis longtemps des conditions de citoyen Français. Il est petit-fils d'un homme qui a quitté l'Allemagne en 92, 93. Il avait pris parti dans le mouvement politique de cette époque; il vint chercher un asile dans notre pays. En venant chercher cet asile, il est très-vrai qu'il a compromis sa fortune et qu'il a dû se livrer à l'exercice d'une profession commerciale à Strasbourg.

C'est là qu'est né M. de Solms. Je rapporte l'acte qui constate qu'à la mairie de Strasbourg, M. de Solms, quand est arrivée sa vingt et unième année, a satisfait comme Français, à la loi de recrutement. Depuis, M. de Solms a été investi de fonctions publiques. En effet, Mme de Solms avait pu lire dans les journaux du 26 février 1848, que M. de Solms avait été chargé à cette date, avec M. de Bassano, de pourvoir à l'approvisionnement des subsistances pour les troupes qui se trouvaient à Paris.

Mme de Solms s'est donc mariée avec M. de Solms qui, était né en France, qui était inscrit sur les listes électorales, et qui a été investi de fonctions publiques. Enfin, M. de Solms, au moment du mariage, a été invité à se rendre en Corse, à exercer des droits électoraux et à voter plus tard dans l'élection à la présidence à vie.

On veut faire passer aujourd'hui Mme de Solms pour une aventurière; mais elle a des lettres des membres de sa famille adressées, à son frère et qui le qualifient de mon cher cousin.

M. LE PRÉSIDENT. Me Berryer, l'objet de la demande...

Me BERRYER. Est que Mme de Solms est étrangère et que son mobilier doit être saisi conservatoirement; je vais m'expliquer sur ces deux points.

La qualité de Française est contestée à Mme de Solms: elle lui est contestée par un acte administratif. Qu'est-il arrivé? Au bureau de la police générale on a déclaré que Mme de Solms était étrangère; on a fait chercher M. de de Solms, qui a plus ou moins à se plaindre de sa femme; M. de Solms qui voulait aller en Amérique, a fait la déclaration qu'il n'est pas Français: mais cette déclaration ne peut valoir que comme un refus d'autoriser Mme de Solms à ester en justice.

Je maintiens que Mme de Solms est en possession de son état; qu'elle a le titre de Française par son acte de mariage, par la position de son mari, et que, par conséquent, des poursuites extraordinaires ne peuvent être exercées vis-à-vis d'elle comme à l'égard d'une étrangère.

On a prétendu que Mme de Solms avait emballé son mobilier. C'est là un fait faux, qui est contraire aux prétentions de Mme de Solms ! Comment ! Mme de Solms soutient qu'elle est Française ; que, pour cette raison, on ne peut exercer contre elle des poursuites extraordinaires, et l'on suppose qu'au moment même où elle élève cette prétention, elle ferait emballer son mobilier pour l'envoyer à l'étranger ! Non ; c'est là un fait faux ; il n'y a aucun prétexte aux poursuites qui sont dirigées contre elle.

Quant à présent, tous les titres apparents attribuent à Mme de Solms la qualité de Française. Elle est en possession de son état, malgré la dénégation de son mari, qui est un procès que nous viderons plus tard. Nous demandons donc que le tribunal lui reconnaisse sa qualité de Française ; qu'il dise que les poursuites commencées contre elle comme étrangère, sont sans fondement, et qu'en conséquence, elles seront discontinuées.

Mme de Solms a été enlevée violemment ; elle n'a pas eu un moment pour se reconnaître ; cependant elle a laissé une note relativement aux paiements qu'elle avait à faire. Sur cette note ne figure pas la créance de MM. Cerf et Michel ; la personne qui était chargée de représenter Mme de Solms n'a donc pu acquitter cette dette, mais il n'y a pas de refus de payer.

Le débat est sur le caractère même de la saisie conservatoire que vous avez voulu exercer à raison de la qualité d'étrangère. Moi, je vous demande s'il est possible d'admettre devant un tribunal, qu'un acte émané du ministère de la police générale peut prévaloir contre la possession d'un état résultant des actes de l'état civil. Plus tard, j'aurai à prouver et je démontrerai que non-seulement M. de Solms est Français, mais encore que son père est devenu Français en continuant de rester en France, en s'associant à la Révolution Française. C'est là une question qui se débattra plus tard. Quant à présent, je maintiens que Mme de Solms est Française; que ce n'est pas au bureau de la police générale qu'on peut résoudre une question de nationalité et que... (La fin de la phrase de Me Berryer n'arrive pas j'usqu'à nous).

M. LAFAULOTTE, avocat impérial. Nous devons avant tout répondre à un mot qui vient d'être prononcé. On a parlé de *déclaration achetée*... (Me Berryer fait un mouvement.) Du moins, j'ai compris cela.

Me BERRYER. C'est un mot qui se discutera plus tard.

M. LAFAULOTTE. J'ai compris cela.

Me BERRYER. Ce n'est pas au ministère de la police qu'on fait des actes de nationalité.

M. LAFAULOTTE. Le tribunal sait ce qui s'est passé. On a dû rechercher M. de Solms; on l'a trouvé. Un commissaire de police lui a signifié l'arrêté d'expulsion pris contre lui comme étranger. Nous avons fait connaître le procès-verbal du commissaire. M. de Solms a déclaré qu'il était prêt à obéir. Il a écrit une lettre au procureur impérial. Nous avons lu la lettre. M. de Solms déclare qu'il n'est pas Français, qu'il n'entend pas revendiquer la qualité de Français et qu'il refuse à Mme de Solms l'autorisation nécessaire pour réclamer cette qualité. Pour notre part, nous contestons de toutes nos forces l'allégation qui vient d'être mise en avant.

Me BERRYER. Je ne dis pas que ce soit au parquet que le fait se soit passé.

M. LAFAULOTTE. La question que vous avez à juger maintenant est plus simple en elle-même : il s'agit de savoir si, dans l'intérêt des créanciers de Mme de Solms, vous devez autoriser la continuation des poursuites. La qualité d'étrangère n'étant nullement énoncée dans l'ordonnance du président.

Me BERRYER. L'ordonnance était motivée sur laqualité d'étrangère.

M. LAFAULOTTE. Eh bien on prétend, que Mme de Solms est en possession d'état. Examinons.

Mme de Solms est née d'une *famille illustre,*— cela est *incontestable.*— Bien que sa mère ait voulu conserver le nom illustre de Bonaparte, elle a épousé un Anglais ; Mme de Solms est fille d'un père étranger ; elle est née en Irlande ; par conséquent elle est étrangère ; c'est donc par son mari qu'elle serait devenue Française.

Mme de Solms soutient aujourd'hui qu'elle a acquis la qualité de Française ; c'est à Mme de Solms à établir la présomption qu'en effet elle est Française. Sur quoi se fonde-t-elle ? Mon mari, qui est né en France, d'un père étranger, aurait satisfait à la loi du recrutement ; il aurait aussi été chargé, en 1848, avec d'autres personnes honorables, nous le voulons bien, de veiller aux subsistances, non pas pour l'armée, mais pour la population de Paris. Voilà les circonstances sur lesquelles on se base pour établir que Mme de Solms a la possession d'état ; que M. de Solms a acquis la qualité de citoyen français.

A une autre époque, ces conditions auraient peut-être suffi ; mais M. de Solms est né en 1815, sous l'empire de l'art. 9 du code Napoléon. Or, aux termes de cet article, pour devenir Français, un individu né en France d'un père étranger doit, dans l'année de sa majorité, faire une déclaration que M. de Solms n'a pas faite.

A la fin de l'audience, le tribunal a rendu le jugement suivant.

« Attendu qu'il est constant que la princesse de Solms quelle qu'ait été la nationalité de sa mère, est née en Irlande d'un père étranger; que son mari est aussi d'origine étrangère, et qu'il n'est pas, quant à présent, établi que soit le père du comte de Solms, soit le comte de Solms lui-même, aient rempli pendant leur séjour en France les conditions prescrites par la loi pour l'acquisition de la qualité de Français.

» Que, dans ces circonstances, il y a présomption que la princessse de Solms est étrangère, et qu'elle ne prouve nullement l'irrégularité de la saisie conservatoire contre laquelle elle réclame;

» Au principal, renvoie les parties à se pourvoir et, cependant, par provision, ordonne la continuation des poursuites, ce qui sera exécuté nonobstant appel et sans y préjudicier. »

Observateur belge, du mardi 22 mars.

L'affaire de Mme la princesse de Solms prend une tout autre tournure. C'est contre M. Maupas qu'elle tourne. L'empereur est furieux contre son ministre de la police, de la brutalité avec laquelle il a agi envers cette jeune femme, de la générosité de sa note à la *Patrie*, de son manque d'égard envers une parente, car *on ne nie plus la parenté, on ne nie plus même le droit de porter le nom de Bonaparte,* comme ne pouvant pas être transmis par les femmes.

M. de Persigny qui a un peu plus de tact, un peu plus d'éducation et de savoir-vivre que M. Maupas, a tout naturellement tiré parti de cette affaire dans l'intérêt de sa haine. Il a représenté à son auguste maître quelle défaveur pouvait faire retomber sur lui les persécutions de M. Maupas contre une jeune femme, sa cousine, occupant dans le monde une position élevée, entourée d'amis dont le salon était le rendez-vous des hommes les plus distingués de tous les partis, et tout cela sans motif.

Sans motif avouable, cela est vrai, mais non pas sans prétexte. Le motif secret, c'était la colère de voir Mme de Solms dans l'opposition ; la jalousie de ce que son salon réunissait des hommes que l'on eût donné tout au monde pour rallier. Le prétexte, c'était un rien, que sais-je, moi ? un bal masqué projeté par Mme de Solms, où l'on devait figurer des quadrilles historiques. On avait déjà décidé les costumes, c'étaient ceux de personnages de *la cour. La cour ?* M. Maupas n'en connaît qu'une, celle de son gracieux souverain. Il a cru que l'on allait parodier ces illustres parvenus ; comme si c'était là de ces gens qu'on parodie. Ils sont trop médiocres en tout pour prêter même à la plaisanterie.

Autre prétexte : dans une soirée dramatique que l'on devait donner chez Mme de Solms, on devait jouer deux pièces : l'une de Mme de Solms elle-même, intitulée : *Artiste et grande dame ;* l'autre de Mme Ancelot, intitulée *les Deux Impératrices.*

Cette dernière pièce est loin d'être inédite. Elle a été jouée il y a longtemps déjà ; les deux impératrices sont *Catherine* et *Marie-Thérèse.*

Catherine et Marie-Thérèse, M. Maupas ne connaît pas ces femmes-là. Les deux impératrices pour lui ne pouvaient être que *Joséphine* et *Eugénie*. Voilà pourquoi on a mis Mme de Solms hors du territoire français.

Mais ce maladroit de ministre de la police n'en fait jamais d'autres, il fallait aussi mettre Mme de Solms dans l'impossibilité d'écrire, de parler, de publier des lettres curieuses qu'elle possède. On sait qu'elle va le faire et on commence à en avoir peur.

M. Persigny donc travaille contre M. Maupas qui a, par son incartade, forcé l'empereur de s'écarter de cette maxime patrimoniale, si l'on peut s'exprimer ainsi, et héréditaire : il faut laver son linge sale en famille.

Maintenant on est tout rempli d'égards pour Mme de Solms. On place les personnes qu'elle avait recomandées, il y a plusieurs mois, on est plein de prévenances pour ses amis, on lui fait la cour de loin et sans vouloir faire d'avances directes.

Il y a quelques jours, le 17 mars, on plaidait devant la première chambre un procès intenté à Mme de Solms par MM. Cerf et Michel, marchands de châles, réclamant une facture de 5,000 fr. Ce procès soit dit en passant, ces messieurs ont bien voulu l'intenter à Mme de Solms, à sa prière expresse, et afin de fournir à M. Berryer l'occasion de parler, qui lui a été refusée précédement.

La veille M. Lafaulotte avocat général, reçut ordre de la part de l'Empereur d'avoir les plus grands égards pour Mme de Solms. Mme de Solms, *cette intrigante* d'après M. Maupas, écrivant à la *Patrie*, est redevenue une *femme d'une illustre naissance*.

Elle ne vole plus le nom de Bonaparte; elle est bien et dûment constatée la cousine de l'Empereur.

La plaidoirie de Me Berryer a produit beaucoup d'effet, mais tout le monde a beaucoup remarqué ce passage des débats. Me Berryer soutenant que M. de Solms est Français, disait ceci :

Plus tard, j'aurai à prouver, et je démontrerai que non-seulement M. de Solms est Français, mais encore que *son père* est devenu Français, en continuant de rester en France, *en s'associant à la révolution française.* C'est là une question qui se débattra plus tard. Quant à la présente, je maintiens que Mme de Solms est Française; que ce n'est pas au bureau de la police générale qu'on peut résoudre une question de nationalité et que... (La fin de la phrase de Me Berryer n'arrive pas jusqu'à nous.) *C'est le* SIÈCLE *qui trouve ce moyen prudent et adroit de ne pas dire la phrase prononcée par Me Berryer.*

M. LAFAULOTTE, *avocat impérial.* Nous devons avant tout répondre à un mot qui vient d'être prononcé. On a parlé de déclaration achetée... (Me Berryer fait un mouvement.) Du moins, j'ai compris cela.

Me BERRYER. Je ne dis pas que ce soit au parquet que le fait se soit passé.

Il en résulte de tout ceci que la déclaration de M. de Solms lui a été achetée. Je puis faire plus, je puis vous dire le prix qu'il a reçu pour cela.

D'abord on l'a désintéressé dans l'affaire des mines de l'Algérie, pour laquelle il était l'associé de M. de Bassano, affaire qui avait si fort compromis sa fortune; ensuite on lui a donné 800 hectares de terres en Amérique, où grâce à sa parenté avec l'ancien gouverneur de la banque de Philadelphie, il pourra refaire sa fortune; on a liquidé ses comptes avec Mme de Solms, sa femme; enfin on a stipulé de sa part un dédit de 600,000 fr. s'il réclamait jamais sa qualité de Français.

Telles sont les conditions auxquelles M. Berryer a fait allusion et qui ont été négociées par M. Pietri.

On n'a nullement cherché M. de Solms qui n'avait pas à se cacher. M. de Solms, même n'en admettant pas l'affirmation de M. Berryer, que son père était Français, pouvait, en vertu de la loi de 1849, devenir Français, par sa seule déclaration qu'il voulait être Français; M. de Solms ne se cachait pas, il se marchandait, on ne l'a expulsé que contre remboursement.

Nous ne croyons pouvoir mieux donner l'exposé de l'affaire de Mme de Solms qu'en transcrivant ici, dans son entier, la consultation si claire et si substantielle publiée par le journal la *Presse* sur la question de nationalité.

ÉTRANGER REVENDIQUANT LA QUALITÉ DE FRANÇAIS.

La loi du 3 décembre 1849 permet l'expulsion des étrangers par mesure administrative.

« Cette faculté ne s'étend point aux Français, qui, jusqu'aux derniers événements, ne pouvaient être frappés de la peine du bannissement, comme de toute autre, qu'en vertu d'une décision régulière et légale.

« Mais si l'administration se trompe, prend un Français pour un étranger et veut l'expulser, à qui devra-t-il s'adresser? Cette question vient d'être soumise au tribunal civil de la Seine. Par arrêté de M. le ministre de la police générale du 19 février 1853, Mme de Solms a reçu l'ordre de sortir de France dans les cinq jours, et de se présenter au plus tôt auprès de M. le chef du cabinet du préfet de police pour prendre son passe-port

« L'arrêté se fonde sur ce que Mme de Solms serait femme d'un étranger non naturalisé.

« La dame de Solms soutient, au contraire, que son mari jouit de la qualité de Français.

« Elle résiste à l'ordre d'expulsion.

« M. le substitut du procureur impérial a soutenu, dans son réquisitoire, que « le tribunal ne peut pas s'opposer à « l'exécution d'une décision de l'autorité administrative. « Si la demanderesse, a-t-il ajouté, est Française, comme « elle le prétend, qu'elle produise ses justifications à M. le « ministre de la police générale; s'il les conteste, qu'elle « s'adresse au conseil d'état. »

« Ainsi d'après M. le substitut, la qualité de Français ou d'*étranger*, la question de nationalité de la personne, son *état* légal, doivent être appréciés et jugés souverainement par l'autorité administrative. Une pareille théorie est illégale et inadmissible. Elle ne doit donc pas passer sans protestation.

« Le tribunal civil est seul juge en ces graves matières, a dit M. Berryer, qui prêtait à Mme de Solms le courageux appui de sa parole.

« En s'exprimant ainsi, M. Berryer n'a fait que se rendre l'écho de la doctrine et de la jurisprudence.

« L'autorité judiciaire a seule le droit de prononcer « sur tout ce qui concerne l'état et la capacité des per- « sonnes. » — Chauveau, *Principes de la compétence administrative*, t. I, p. 543.

« Le même auteur dit encore :

« Il est certain que tout fait de l'administration qui « touche à l'honneur, à la liberté, à la vie d'un habitant, « est illégal.

« .... A l'autorité judiciaire donc dans toutes ces posi- « tions, le droit et le devoir de protéger les habitants « contre les abus du pouvoir. » Chauveau, t. II, p. 328.

« La jurisprudence a consacré ces principes protec- « teurs de la sécurité de tous.

« C'est aux tribunaux civils qu'il appartient de statuer « sur les questions d'état, de qualité ou de capacité « civile (conseil d'État, 4 novembre 1811, 7 avril 1822), « et cela alors même que ces questions s'élèvent dans un « débat administratif. » — Dalloz, *Répertoire*, V° Comp. « administrative.

« Citons encore ; la liberté et la patrie sont engagées dans la question ; les preuves ne sont jamais trop nombreuses.

« Voici un arêt de la Cour de cassasion :

« Les actes de l'autorité administrative ne mettent pas « obstacle à ce que les tribunaux jugent les questions de « domicile et de naturalisation ainsi que leurs effets. » — Cassation, 25 frévrier 1818. Gnudi contre Kellerman.

« Voici deux arrêts du conseil d'État :

« C'est aux tribunaux et non point à l'autorité admi- « nistrative qu'il appartient de prononcer SUR LES QUES- « TIONS DE NATIONALITÉ.» Conseil d'État, 10 juillet 1831, de Ried ; 29 août 1834, Duchambge.

« Si de tels arrêts qui ne laissent pas subsister le plus léger doute sur la question, ne suffisent pas, que faut-il donc ?

« ÉMILE JAY, avocat. »

CONCLUSION

Que pourrait-on donc jamais conclure
D'une âme si perverse et si dure.......

Après avoir suivi les différentes phases de cette odieuse affaire, trois questions se présentent tout naturellement :

1° Quel prétexte a-t-on donné à l'expulsion de Mme de Solms.

2° Quels ont pu en être les véritables motifs ?

3° De qu'elle manière l'ordre a-t-il été mis à exécution, malgré les énergiques protestations et l'action judiciaire introduite par les parties ?

Nous l'avons vu déjà, le seul et unique prétexte invo-

BIBLIOTHÈQUE NATIONALE Don SCHOELCHER IMPRIMÉS.

qué par le gouvernement pour frapper les deux cousins du chef de l'état, est la qualité d'étranger. Avant d'entrer dans de plus grands détails, il est peut-être bien permis de se demander comment il se fait que, parmi les membres de cette même famille; les uns sont français *quand même*, et les autres *nécessairement* étrangers; les uns, la famille qui s'est fait impériale et régnante, sont altesses, princes et princesses et les autres ceux qui protestent contre la tyrannie, de par le bon plaisir de la police, sont privés, dépouillés de leurs droits, attaqués, expulsés et calomniés de la manière la plus infâme.

Pour notre part ces procédés n'ont rien qui nous surprennent. Ils ne sont que la conséquence du système qui domine la France, et la tient asservie sous un joug tyrannique et importun, ce qui est arrivé à Mme de Solms, nous prouve que personne en France, n'est assuré contre les incessantes persécutions de ce Néron trembleur; aujourd'hui, demain, à l'instant même, madame impériale peut faire un mauvais rève, son auguste Epoux peut avoir le cauchemar, Mathilde une faiblesse, un ordre est envoyé à Pietri ou à Maupas, les mouchards circulent, et le premier qui leur tombe sous la main, doit nécessairement être le brigand, le bandit, le rouge, le partageux, le socialiste, connu déjà par les plus anarchiques antécédents, qui vient encore de conspirer contre la tranquillité, la sureté de l'état et le repos de la famille impériale, et hardi vite, arrêté et expédié hors du territoire français.

Nous nous trompons cependant, lorsque nous disons que personne n'est assuré contre les pesécutions du gouvernement actuel, il est une catégorie d'individus qui seront toujours les bien-venus, les chéris et les choyés du pouvoir, ce sont ceux qui n'ayant plus ni probité ni honneur se donnent pour de l'or, au plus offrant et dernier enchérisseur ; étranger ou français, barbare ou civilisé, renégat ou forçat, homme ou femme, qui que vous soyez, offrez vos services à sa majesté l'empereur, passez sous silence Boulogne et Strasbourg, parlez de dévoûment, de la vertu d'Eugénie, au besoin de celle de Mathilde, du désintéressement de MM. les ministres et autres commis et alors vous verrez votre demande favorablement accueillie ; la France étant très riche on payera grassement votre déshonneur ; car en ce moment-ci il est juste que tout le monde vive, et comme le dit très-bien un vieux proverbe, les loups ne se mangent jamais entre-eux.

Avis aux bandits de toutes les nations.

Mais soyez probe, ferme et digne, parlez du droit, du devoir, du pillage des finances, de la banqueroute qui est imminente, invoquez la loi, réclamez de votre qualité de citoyen, vite, vite qu'on se dépêche, à la porte l'étranger, le socialiste, vite Maupas mon ami, agissez comme vous l'entendrez, la vie, la cause de votre empereur sont en danger, tuez, déportez, emprisonnez, expulsez, mais débarrassez-nous de ce bandit de démocrate.

La deuxième question n'a plus besoin d'être débattue, il est évident et clair comme le jour que Mme de Solms a été expulsée de la France, sa patrie par sa famille et par son alliance, parce que femme digne et citoyenne intelligente, elle n'a pas voulu courber son front et s'agenouiller devant toutes les infamies, dont toute sa famille s'est souillée ; le chef de la bande semblait reculer encore devant le scandale que causerait l'expulsion d'une femme de sa famille, la seule personne qui soit parvenue à se faire remarquer et aimer par ses bonnes qualités et ses talents; mais là, était précisément l'écueil; cette renommée dont l'environnait la foule, était le désespoir de son andalouse, et de son bras droit, la grosse Demidoff. Alors le crime était évident, Mme de Solms ne méritait plus d'habiter la France, plaisantez-vous! non-seulement elle censurait les actes de son cousin, elle critiquait sa conduite, elle blâmait sa mollesse et flétrissait sa scélératesse, mais encore elle se permettait d'éclipser ses femmes, alors il n'y a plus ni droit, ni loi, ni tribunaux, ni juges, Mme de Solms est indigne de l'affection de sa puissante famille, elle a bien pu l'obliger, mais c'était son devoir; il n'y a pas d'excuse possible; génie de Maupas délivrez-nous en, son frère proteste aussi, tant-mieux, il lui servira de compagnon de route.

Le frère et la sœur protestent, l'un auprès de son ambassadeur, l'autre en appelle aux tribunaux. Maupas a l'ordre d'expulser, il a de plus une vengeance personnelle à exercer rien ne l'arrêtera donc: les moyens dont nous parlons dans notre troisième question, lui importent fort peu, bruits mensongers et calomnies, sont les armes de la police, Mme de Solms a méprisé son souverain maître, elle est plus belle que la Montijo, elle déplaît à Mathilde, elle l'a personnellement mis à la porte de son salon, assigne n'assigne pas, plaide ne plaide pas, cela ne le regarde pas, il faut qu'elle parte et elle partira.

Le mari pouvait être un obstacle, on l'achètera, on le paiera même très-grassement, la France est assez riche, et quand il n'y en a plus il y en a encore.— Berryer plaidera, — on lui imposera silence, — les journaux crieront au scandale, — oh pour ceux-là, nous les tenons, — qu'ils osent seulement sourciller, ils auront affaire à nous ; oui, mais l'étranger, l'Angleterre, la Belgique, la Suisse, la Sardaigne, donneront asile à la belle exilée, la presse la défendra, tant-mieux disaient-ils encore, ce sera pour nous une excuse d'envahissement. C'est ainsi et en vertu de cette ignoble logique, que la belle et malheureuse Mme de Solms, s'est vue arrachée de son lit, séparée de son enfant, entrainée à la frontière et mise à la porte comme un paria ; mais tout n'était pas fini encore, il ne suffit pas de commettre une action ignoble il faut encore l'expliquer, l'opinion publique aime à commenter, il lui faut des excuses quand même, c'est encore M. Maupas qui se charge d'arranger l'affaire ; et il l'a tellement bien arrangée qu'il a précisément abouti au contraire de ce qu'il voulait faire, il a calomnié on l'a hué ; il a voulu salir, la tache lui est restée ; il a voulu faire oublier, chacun s'est souvenu. Mme de Solms, loin d'être méprisée, délaissée et pourchassée comme il le voulait, a été fêtée, accueillie et recherchée comme c'était de toute justice.

Furieux de sa maladresse M. Maupas a changé de tactique, il a fait faire des propositions, offert des avantages considérables, et répandu le bruit que, repentante, Mme de Solms avait sollicitée une grâce que la clémence de son auguste souverain et maître avait généreusement accordée : à ces offres, à ces bruits mensongers nous opposerons la digne et noble réponse suivante, adressée au journal *l'émancipation,* qui avait édité les bruits.

Spa, 14 juin 53.

«....Votre correspondant, en annonçant, sous une forme d'ailleurs bienveillante, mon retour à Paris, a donné sans, le vouloir, dans un piége que le gouvernement français a inventé, depuis quelques temps, pour faire croire à mes amis éloignés ou absents, que j'avais demandé ma grâce et l'avais obtenue.

« L'on a profité de mon départ pour Spa, de la retraite que ma santé et ma situation m'imposent, pour accréditer cette erreur, qui peut m'être préjudiciable dans l'esprit de beaucoup de gens. Je proteste *hautement* contre cette nouvelle calomnie. Il est très vrai que *des démarches ont été faites auprès de moi pour m'engager à demander* ma *grâce* à mon cousin, avec promesse qu'elle me serait immédiatement accordée, *en y joignant des avantages plus ou moins considérables;* mais j'ai refusé, comme je *refuserai toujours,* de revoir mon pays à ce prix. Une femme peut bien avoir le courage de ses opinions lorsque tant d'hommes leur abandonnent cet honneur.

« Un gouvernement *libre et honnête, quel qu'il soit,* peut seul me ramener en France. Jusqu'au moment où nos libertés triompheront, j'accepte l'exil; mais je réclame énergiquement contre toute nouvelle insinuation, *grave* ou *puérile,* tendant à faire admettre que je ne pourrai jamais, soit *dans le présent*, soit *dans l'avenir*, sous quelque considération et dans quelque extrémité que je me trouve, me rallier soit *directement,* soit *indirectement,* à une famille de laquelle je me suis *volontairement* et *sérieusement* détachée.

« Marie de Solms,

« née Bonaparte-Wyse. »

N'est-on pas obligé d'avouer qu'il y a quelque chose de providentiel dans cet acte, rendu par M. Bonaparte et exécuté par Maupas.

Lucien Bonaparte, fut l'un des principaux complices du crime du 18 brumaire, de ce crime qui fut la base fondamentale de l'abominable despotisme de Napoléon ; Mme de Solms a été l'un des agents les plus actifs et les plus dévoués de l'élection du 10 décembre.

Lucien fût expulsé par son frère, Mme de Solms l'est par son cousin ; le bonapartisme dévorant ses propres enfants, c'est là un signe des temps, et en y réfléchissant bien l'on sera forcé de reconnaître que nous ne pouvions mieux qualifier l'expulsion de Mme de Solms qu'en la nommant *une épisode du Bas-Empire......*

Don

FIN.

TABLE DES MATIÈRES.

Jersey, Imprimerie universelle

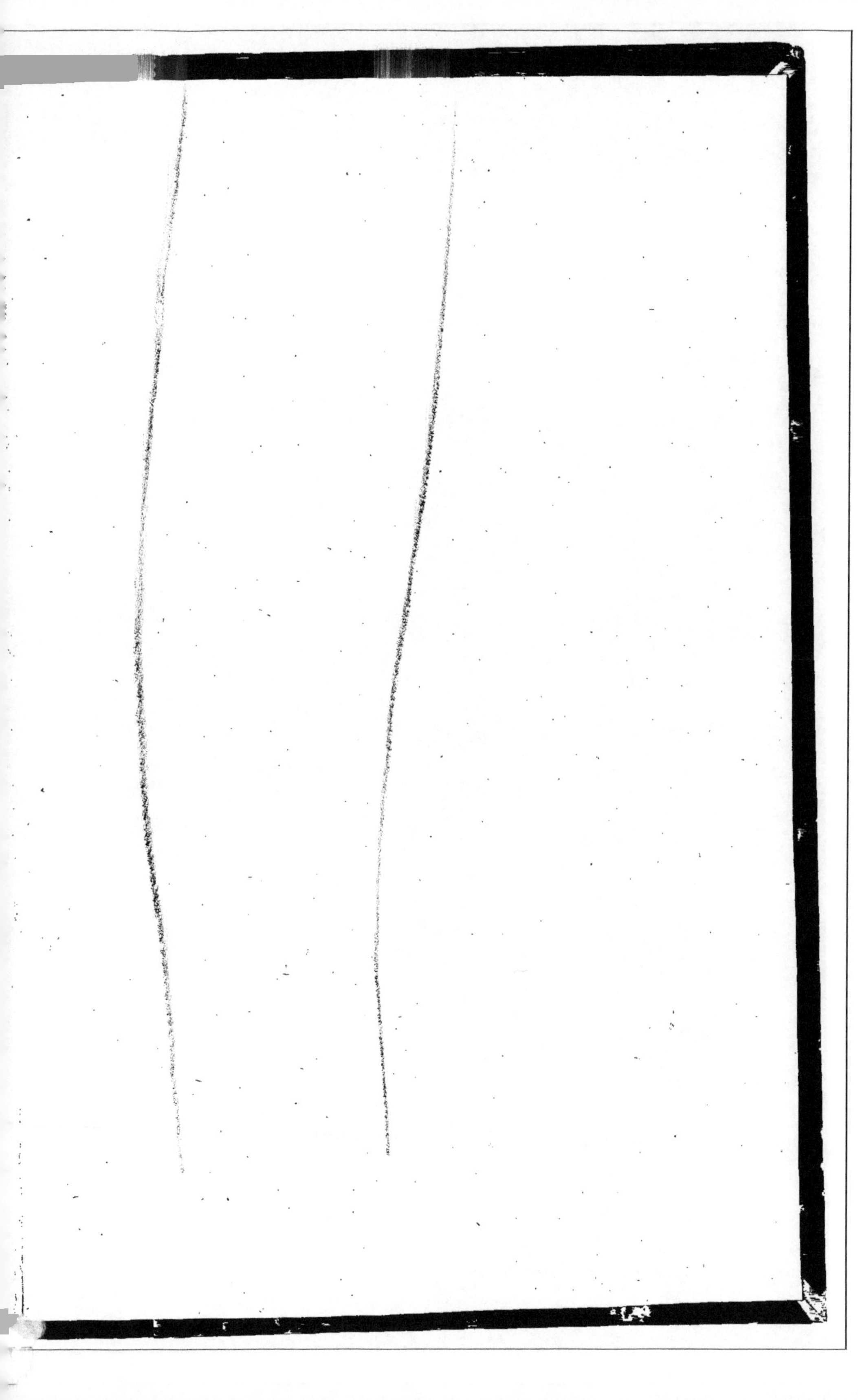

BIBLIOTHEQUE NATIONALE DE FRANCE
3 7502 00854208 8

www.ingramcontent.com/pod-product-compliance
Ingram Content Group UK Ltd.
Pitfield, Milton Keynes, MK11 3LW, UK
UKHW020241220726
13923UKWH00002B/773

9 782019 626679